DARI WARKOP KE COFFEE SHOP

Catatan Gen Z Tentang Hidup, Budaya, dan Pencarian Diri di Aceh

Qaishar Kamaruzzaman

KBA13 Insight

COPYRIGHT PAGE

Diterbitkan oleh:

KBA13 Insight

Banda Aceh, Indonesia

Website: www.kba13.com[1]

Email: ceninnets@gmail.com

Desain dan Tata Letak: **Tim Editorial KBA13 Insight**

Penyunting Naskah: **KBA13 Editorial Board**

Cetakan Pertama, **2025**

1. https://www.kba13.com

Daftar Isi

Bab I – Dari Warkop ke Coffee Shop: Gaya Hidup Generasi Z dan Alpha di Kota Banda Aceh

1. Suasana Nongkrong yang Berubah

Kalau kita jalan sore-sore di Banda Aceh, pemandangan yang paling gampang ditemuin itu pasti orang nongkrong. Tapi sekarang, tempat nongkrongnya udah berubah. Kalau dulu banyak yang duduk di warkop sambil ngopi hitam dan nonton bola di TV tabung, sekarang anak muda lebih sering kelihatan di coffee shop dengan interior estetik dan playlist chill vibes. Perubahan ini bukan cuma soal tempat, tapi juga soal gaya hidup.

Buat sebagian orang tua, nongkrong di coffee shop kelihatannya cuma gaya-gayaan. Tapi buat anak muda kayak saya, itu udah jadi bagian dari keseharian. Kadang buat ngerjain tugas, kadang buat meeting kecil, kadang juga cuma buat ngisi waktu sambil scroll TikTok. Coffee shop bukan lagi tempat mewah, tapi jadi "ruang publik" baru yang cocok buat semua suasana.

Menariknya, meski konsepnya modern, semangat nongkrongnya masih sama kayak di warkop. Ada obrolan, tawa, bahkan debat ringan yang seru banget. Cuma bedanya, sekarang obrolannya kadang diselingi update story atau diskusi soal konten digital. Kalau dulu topiknya bola, sekarang bisa tentang algoritma Instagram atau ide bisnis kecil.

Saya sering mikir, kenapa coffee shop bisa ngegantiin warkop di kalangan anak muda? Mungkin karena di sana kita bisa jadi diri sendiri tanpa terlalu banyak aturan. Bisa ngobrol santai tanpa takut diomelin, bisa ngerjain tugas sambil dengerin lagu, dan bisa ngerasa "kekinian" walau cuma minum Americano. Coffee shop ngasih ruang buat kita yang hidup di era digital tapi masih pengin ngerasain suasana sosial.

Tapi ada juga yang cuma nongkrong di sana biar keliatan keren. Kadang saya ketawa sendiri liat yang cuma pesen air putih tapi sibuk foto-foto. Tapi ya, begitulah gaya hidup zaman sekarang — semua pengin kelihatan estetik. Dan itu nggak salah juga, selama masih tahu batasnya.

Di Aceh, nongkrong di coffee shop itu udah jadi bagian dari ritme kota. Dari sore sampai malam, meja-meja penuh anak muda, laptop terbuka, kamera nyala, dan kopi yang terus dipesan. Rasanya kayak Banda Aceh hidup lagi lewat aroma kopi dan obrolan di antara denting sendok dan cangkir.

2. Dari Warkop ke Coffee Shop: Simbol Pergeseran Zaman

Kalau warkop dulu tempat bapak-bapak bahas politik, sekarang coffee shop jadi tempat anak muda bahas masa depan. Ada yang ngomongin skripsi, ada yang lagi rancang bisnis kecil, bahkan ada yang lagi brainstorming ide konten. Warkop dan coffee shop sama-sama jadi ruang diskusi, tapi versinya beda. Yang satu tradisional, yang satu digital.

Pergeseran ini nunjukin kalau anak muda Aceh bisa adaptif. Kita tetap ngopi, tapi caranya berubah. Kalau dulu kopi diseduh pakai kain saring, sekarang pakai mesin espresso yang bunyinya kayak suara pesawat kecil. Tapi rasanya tetap kopi Aceh, tetap punya aroma khas yang nggak bisa dikalahin.

Saya sering mikir, perubahan kayak gini tuh nggak cuma tentang modernisasi, tapi juga tentang simbol identitas baru. Coffee shop jadi tempat di mana anak muda Aceh membangun gaya hidup yang seimbang antara lokal dan global. Di situ kita bisa lihat generasi yang religius tapi juga kreatif, santai tapi produktif.

Dulu nongkrong di warkop bisa dibilang kegiatan "biasa aja". Tapi sekarang nongkrong di coffee shop bisa punya makna sosial. Bisa jadi tempat networking, tempat healing, atau bahkan tempat belajar kehidupan. Saya pernah lihat orang diskusi bisnis di satu meja, sementara di meja lain ada mahasiswa ngerjain tugas bareng, dan di pojok ada pasangan yang ngobrol lembut. Semuanya nyatu di satu ruangan yang namanya coffee shop.

Tapi yang bikin saya bangga, meski konsepnya modern, banyak coffee shop di Aceh masih pakai bahan lokal. Kopinya dari Gayo, snack-nya dari UMKM, bahkan beberapa pemiliknya masih muda dan asli Aceh. Jadi meski bergaya global, akarnya tetap lokal.

Dan mungkin itu yang bikin coffee shop di Banda Aceh beda dari kota lain. Di sini, kopi bukan cuma minuman. Ia adalah identitas. Setiap cangkir espresso punya cerita, setiap obrolan punya makna. Dari warkop ke coffee shop, perjalanan budaya kita berlanjut — dengan aroma kopi yang tetap sama, tapi rasa yang terus berkembang.

3. Coffee Shop Sebagai Ruang Sosial Baru

Kalau saya perhatiin, *coffee shop* sekarang nggak cuma tempat minum kopi. Itu udah kayak ruang sosial versi modern. Ada yang datang buat kerja *freelance*, ada yang belajar kelompok, ada juga yang cuma pengin cari inspirasi. Kadang malah ada yang nongkrong sendirian sambil baca buku, tapi tetap keliatan enjoy.

Buat anak muda, *coffee shop* itu lebih dari sekadar tempat nongkrong. Itu tempat buat ngerasa "hidup". Di situ kita bisa ketemu banyak tipe orang, dari yang santai banget sampe yang sibuk ngetik kayak kejar deadline dunia. Tapi yang pasti, semuanya punya satu kesamaan: mereka butuh suasana yang tenang tapi hidup.

Saya pernah ngerasa kalau coffee shop itu kayak "*safe zone*" buat banyak orang. Nggak ada yang nge-judge kamu di sana. Mau pakai hoodie lusuh atau baju paling keren, semuanya diterima. Mau ngobrol tentang cinta, karier, atau hal-hal absurd pun, *coffee shop* tetap jadi tempat yang nyaman buat berbagi.

Namun, di balik semua kenyamanan itu, ada sisi lain yang kadang bikin saya mikir. *Coffee shop* juga jadi tempat di mana gengsi dan eksistensi dipamerkan. Ada yang nongkrong bukan karena suka kopi, tapi karena pengin story-nya terlihat keren. Kadang saya mikir, apakah kita nongkrong buat menikmati momen, atau cuma buat ngasih tahu dunia kalau kita lagi "ada"?

Tapi ya, begitulah generasi saya. Kita hidup di era di mana eksistensi online sama pentingnya dengan kenyataan. Dan coffee shop jadi panggung tempat kita tampil — bukan dalam arti negatif, tapi sebagai cara kita mengekspresikan diri di dunia yang serba cepat ini.

Di akhir hari, coffee shop adalah simbol dari perubahan sosial anak muda Aceh. Di sanalah kita belajar menyeimbangkan gaya hidup modern dengan nilai-nilai lokal. Tempat di mana kopi jadi alasan, tapi kebersamaan tetap jadi tujuan.

4. Identitas Aceh di Tengah Gaya Global

Meski banyak coffee shop baru bermunculan, identitas Aceh tetap terasa kuat. Saya sering lihat kafe yang namanya pakai bahasa Aceh, kayak *Ngopi di Keunong* atau *Kupie Beuna*. Hal-hal kecil kayak gitu ngasih pesan: "Hei, kita boleh modern, tapi kita tetap Aceh."

Yang menarik, banyak juga coffee shop yang memadukan budaya lokal dalam desain interiornya. Ada yang masang ukiran Aceh di dinding, ada yang putar musik tradisional versi akustik, bahkan ada yang pajang foto-foto Aceh tempo dulu. Kombinasi itu bikin coffee shop terasa hangat dan beda dari kafe di kota lain.

Anak muda sekarang pinter banget nge-*blend* antara modernitas dan tradisi. Kita bisa nongkrong sambil main laptop, tapi tetap pesen kopi Gayo, bukan latte impor. Dan itu artinya, identitas Aceh nggak pernah hilang. Ia cuma berubah bentuk — dari warkop ke *coffee shop*, dari obrolan politik ke ide kreatif.

Saya rasa, ini juga salah satu bentuk kebanggaan kita terhadap daerah sendiri. Di tengah derasnya budaya luar, kita masih bisa nunjukin ciri khas Aceh lewat hal sederhana: kopi.

Karena di Aceh, ngopi itu bukan cuma rutinitas — tapi tradisi yang punya makna sosial dan spiritual.

Kadang saya suka mikir, mungkin kalau ulama-ulama dulu masih hidup, mereka juga bakal nongkrong di *coffee shop*. Bukan buat *flexing*, tapi buat ngobrolin ide besar tentang masa depan Aceh. Karena di sini, obrolan besar sering dimulai dari hal kecil — dari secangkir kopi yang menghangatkan pikiran.

Itulah yang bikin saya bangga jadi bagian dari generasi ini. Kita bisa jadi global tanpa kehilangan lokal. Kita bisa modern tanpa melupakan akar.

5. Nongkrong, Kopi, dan Eksistensi

Kalau ditanya kenapa saya suka nongkrong di coffee shop, mungkin jawabannya sederhana: karena di sana saya bisa jadi diri sendiri. Di tengah rutinitas sekolah dan tekanan sosial, coffee shop jadi tempat buat rehat sejenak. Kadang saya cuma duduk, ngeliatin orang lewat, sambil dengerin lagu dari *earphone*. Tapi entah kenapa, itu bisa bikin hati tenang.

Banyak teman saya bilang, nongkrong itu buang-buang waktu. Tapi saya nggak setuju. Nongkrong bisa jadi proses berpikir. Di situ, kita bisa mikirin banyak hal — dari masa depan, cita-cita, sampai hal-hal random yang nggak pernah sempat kita pikirin di rumah.

Tapi di balik semua itu, nongkrong juga jadi bagian dari pencarian identitas. Kita semua pengin diakui, pengin dilihat. Flexing di coffee shop kadang bukan karena sombong, tapi karena pengin di-notice. Dan saya rasa, itu manusiawi. Selama nggak berlebihan, nggak apa-apa. Karena setiap orang punya cara sendiri buat ngerasa berarti.

Coffee shop juga ngajarin saya tentang perbedaan. Ada yang datang pakai mobil mewah, ada yang naik sepeda, tapi semuanya duduk di kursi yang sama, minum kopi yang sama. Di situ saya belajar, hidup itu soal rasa — bukan status.

Kalau direnungin, nongkrong di *coffee shop* itu kayak miniatur kehidupan. Ada yang sibuk, ada yang santai, ada yang cuma lewat. Tapi semua punya tujuan: menikmati waktu. Dan kadang, itu aja udah cukup.

Mungkin itulah kenapa setiap kali saya duduk di pojokan coffee shop, saya merasa Aceh bukan cuma rumah saya, tapi juga ruang untuk tumbuh.

6. Penutup: Antara Kopi, Gaya, dan Makna

Pergeseran dari warkop ke coffee shop bukan cuma perubahan tempat nongkrong, tapi juga perjalanan budaya. Ini bukti kalau Aceh terus berkembang tanpa kehilangan jati diri. Anak muda sekarang mungkin minum latte, bukan kopi tubruk, tapi semangatnya tetap sama: nyari cerita di balik secangkir kopi.

Saya percaya, nongkrong di coffee shop bukan cuma soal gaya hidup. Itu tentang bagaimana kita belajar memahami diri, menghargai perbedaan, dan tetap terkoneksi di dunia yang makin sibuk. Kopi jadi alasan untuk bertemu, tapi yang lebih penting adalah percakapan yang terjadi setelahnya.

Dan mungkin, di situlah letak maknanya. Di setiap gelas kopi yang diangkat, ada cerita yang diseduh. Tentang pertemanan, ide, tawa, dan kadang juga kesepian yang disembunyikan.

Suatu hari nanti, mungkin tren nongkrong akan berubah lagi. Tapi saya yakin satu hal: kopi dan kebersamaan nggak akan pernah hilang dari kehidupan anak muda Aceh.

Karena di antara asap kopi yang naik pelan, di sanalah kita belajar jadi manusia yang lebih tenang — dan lebih Aceh.

Bab II – Pulot: Cita Rasa Tradisional Aceh yang Nggak Lekang oleh Waktu

1. Pulot, Makanan yang Punya Cerita

Kalau ngomongin kuliner Aceh, pasti yang pertama kebayang itu kopi Gayo atau mie Aceh. Tapi di balik semua itu, ada satu makanan yang nggak kalah legendaris dan punya tempat tersendiri di hati orang Aceh: pulot. Makanan ini sederhana banget — cuma dari ketan dan kelapa — tapi punya makna yang dalam.

Buat saya pribadi, pulot itu bukan sekadar makanan, tapi nostalgia. Setiap kali mencium aromanya yang gurih, rasanya kayak dibawa balik ke suasana kampung, ke pagi-pagi waktu nenek masak di dapur kayu. Ada rasa hangat dan damai yang nggak bisa dijelasin. Pulot itu kayak pelukan kecil dari masa lalu.

Yang bikin pulot menarik bukan cuma rasanya, tapi juga momen ketika makanan ini disajikan. Biasanya muncul di acara kenduri, maulid, atau perayaan kecil di rumah. Ada semangat kebersamaan yang terasa setiap kali pulot dihidangkan — orang-orang duduk melingkar, ngobrol, ketawa, dan berbagi cerita.

Pulot juga punya cara unik buat menyatukan orang. Kadang, di tengah kesibukan dan perbedaan, makanan ini jadi pengingat bahwa kebahagiaan itu bisa datang dari hal sederhana: sepiring ketan hangat dan tawa di antara keluarga.

Saya kadang heran, kenapa makanan sesederhana ini bisa bertahan sampai sekarang. Mungkin karena di balik setiap gigitan, ada nilai-nilai yang diwariskan — tentang kesabaran, kebersamaan, dan rasa syukur atas rezeki sekecil apa pun.

Dan di zaman yang serba cepat ini, pulot kayak penanda waktu yang menolak dilupakan. Di tengah kopi kekinian dan makanan instan, pulot tetap berdiri tenang, membawa pesan: "Kamu boleh modern, tapi jangan lupa rasa asalmu."

2. Sejarah Panjang dari Dapur Tradisional

Kalau ditelusuri, pulot udah jadi bagian dari kehidupan masyarakat Aceh sejak zaman dulu banget. Bahkan, makanan ini sering disebut dalam cerita-cerita rakyat sebagai hidangan kehormatan buat tamu penting. Dari situ aja udah kelihatan, pulot bukan sembarang camilan.

Dulu, sebelum ada pabrik atau *rice cooker,* pulot dimasak pakai cara tradisional. Ketan direndam semalaman, lalu dikukus di atas tungku kayu, kadang juga dimasak pakai bambu. Prosesnya lama, tapi justru di situ letak seninya. Pulot bukan makanan yang bisa dibuat tergesa-gesa. Ia butuh waktu — kayak hal-hal berharga lain dalam hidup.

Setiap rumah punya versi pulot sendiri. Ada yang lebih gurih, ada yang lebih manis, tergantung daerahnya. Tapi esensinya tetap sama: ketan, kelapa, dan kebersamaan. Makanan ini juga sering hadir di acara adat, sebagai simbol keberkahan dan penghormatan.

Bahkan di beberapa daerah Aceh, pulot dianggap sebagai simbol kemakmuran. Kalau ada acara besar tanpa pulot, rasanya kayak ada yang kurang. Makanan ini udah jadi semacam doa yang bisa dimakan — bentuk rasa syukur atas rezeki dan kebersamaan.

Sekarang, mungkin banyak anak muda yang nggak tahu gimana ribetnya bikin pulot. Tapi di balik setiap butir ketan yang lengket itu, ada tangan-tangan ibu dan nenek yang sabar. Ada tradisi turun-temurun yang tersimpan di setiap aroma kelapa parut dan uap kukusan.

Dan setiap kali saya lihat pulot di meja kenduri, saya selalu ingat satu hal: kadang, cinta budaya itu nggak harus diwujudkan lewat hal besar. Cukup dengan menghargai sepiring pulot yang penuh makna.

3. Pulot dan Nilai Kebersamaan

Yang paling saya suka dari tradisi makan pulot itu bukan rasanya, tapi suasananya. Biasanya orang-orang duduk melingkar, piring besar di tengah, lalu makan bareng. Nggak ada gengsi, nggak ada jarak. Semuanya setara di depan sepiring ketan hangat.

Momen kayak gini yang jarang banget kita dapetin di zaman sekarang. Orang sibuk masing-masing, makan sambil scroll HP, bahkan kadang lupa ngobrol. Tapi kalau ada pulot, suasananya beda. Semua orang hadir, beneran hadir — bukan cuma fisiknya, tapi juga hatinya.

Saya inget waktu kecil, setiap kali pulot disajikan, suasananya langsung hangat. Nenek selalu bilang, "Kalau makan pulot jangan buru-buru. Rasakan pelan-pelan, biar nikmatnya nyampe." Dan bener aja, makan pelan sambil ngobrol bikin rasanya jadi dua kali lipat lebih enak.

Bisa dibilang, pulot adalah simbol kecil dari kebersamaan orang Aceh. Makanan ini ngingetin kita bahwa hidup nggak cuma soal kerja keras, tapi juga soal duduk bareng dan menikmati momen sederhana.

Kadang saya mikir, mungkin kalau semua orang bisa duduk melingkar sambil makan pulot bareng, dunia bakal sedikit lebih damai. Karena di situ, kita belajar untuk berbagi, menghargai, dan tertawa bareng tanpa mikirin siapa yang lebih hebat.

Jadi, buat saya, pulot bukan cuma makanan khas Aceh. Ia adalah cara kita belajar tentang arti kehangatan — di tengah dunia yang makin individualistis.

4. Antara Gurih, Manis, dan Filosofi Hidup

Kalau diperhatiin, pulot itu punya dua rasa utama: gurih dan manis. Kadang dikasih kelapa parut asin, kadang ditabur gula merah cair. Dua rasa ini kayak simbol kehidupan — kadang asin, kadang manis, tapi kalau digabung, hasilnya pas banget.

Saya pernah mikir, mungkin nenek moyang kita sengaja bikin pulot kayak gitu buat ngasih pelajaran. Bahwa hidup itu harus seimbang. Kita butuh rasa manis buat bahagia, tapi juga butuh rasa asin biar nggak terlena. Sama kayak pulot, yang makin nikmat kalau dua rasanya nyatu.

Kalau dimakan rame-rame, pulot juga ngajarin kita buat nggak serakah. Karena di piring besar itu, semua orang harus kebagian. Jadi kita belajar buat berbagi, nahan diri, dan menghargai kebersamaan. Nilai-nilai kecil kayak gini yang bikin budaya Aceh tetap kuat sampai sekarang.

Saya juga suka liat gimana pulot bisa disajikan dengan berbagai versi. Ada yang dikasih kari daging, ada yang dimakan polos, ada juga yang dijadikan camilan sore. Tapi di balik semua variasinya, rasa dasarnya tetap sama — kayak identitas orang

Aceh yang selalu punya karakter kuat di tengah perubahan zaman.

Mungkin itu kenapa pulot nggak pernah kehilangan penggemar. Karena ia bukan cuma soal rasa, tapi soal makna. Ia adalah pengingat bahwa kesederhanaan bisa jadi bentuk kemewahan kalau kita tahu cara menikmatinya.

Dan setiap kali saya makan pulot, saya ngerasa kayak lagi diingatkan: jangan terlalu cepat, jangan terlalu sibuk. Nikmati hidup kayak menikmati ketan — perlahan, penuh rasa, dan dengan hati yang hangat.

5. Pulot di Mata Generasi Muda

Sekarang, anak muda mungkin lebih sering posting foto latte art daripada pulot. Tapi bukan berarti makanan tradisional ini dilupakan. Beberapa teman saya justru mulai sadar pentingnya menjaga kuliner lokal. Bahkan ada yang bikin konten "makan pulot versi modern" biar lebih menarik buat generasi sekarang.

Buat saya, ini langkah keren. Karena budaya itu nggak harus dipertahankan dengan cara lama. Kita bisa melestarikan sambil berinovasi. Pulot bisa jadi simbol kolaborasi antara tradisi dan modernitas.

Saya pernah bantu ibu bikin pulot di rumah. Awalnya ribet banget — nunggu kukusan, parut kelapa, ngaduk ketan — tapi setelah jadi, rasanya kayak hasil perjuangan. Ada kepuasan tersendiri bisa bikin sesuatu yang dulu cuma saya lihat di acara kenduri.

Generasi saya mungkin hidup di dunia digital, tapi bukan berarti nggak bisa cinta budaya. Justru, lewat media sosial, kita bisa ngenalin makanan tradisional kayak pulot ke dunia luar. Bayangin kalau ada turis asing yang nyobain pulot terus bilang, "This is amazing!" — pasti bangga banget rasanya.

Jadi, tugas kita bukan cuma makan pulot, tapi juga nyeritainnya lagi. Biar makanan ini nggak berhenti di dapur nenek, tapi terus hidup di lidah dan hati generasi berikutnya.

Karena kalau kita nggak jaga, siapa lagi?

6. Penutup: Sepiring Pulot, Seribu Makna

Pulot bukan cuma makanan khas Aceh, tapi juga cerita panjang tentang kebersamaan, tradisi, dan cinta sederhana. Di tengah dunia yang sibuk dan cepat, pulot ngajarin kita buat pelan, buat hadir, dan buat bersyukur.

Saya suka mikir, mungkin di setiap butir ketan itu ada doa. Doa dari nenek moyang yang pengin kita tetap inget asal, tetap punya rasa, dan nggak lupa berbagi. Pulot adalah simbol kecil dari besar budaya Aceh yang penuh makna.

Dan buat saya, setiap kali pulot disajikan di meja, itu bukan cuma hidangan. Itu momen di mana waktu berhenti sebentar, dan semua orang kembali jadi keluarga.

Pulot ngingetin saya kalau bahagia itu sederhana. Kadang nggak perlu kafe mewah atau gadget baru. Cukup duduk bareng, ketawa, dan makan sepiring ketan hangat bareng orang-orang yang kita sayang.

Mungkin nanti, pulot bakal jarang kita temuin di kota. Tapi saya percaya, selama masih ada satu orang yang mau bikin dan cerita tentangnya, pulot nggak akan pernah hilang.

Karena makanan ini bukan cuma soal rasa — tapi tentang siapa kita, dan darimana kita berasal.

Bab III – Peusijuk: Tradisi Aceh yang Bikin Hidup Makin Berkah

1. Peusijuk, Tradisi yang Masih Hidup

Kalau kamu orang Aceh, pasti udah nggak asing lagi sama kata *peusijuk*. Tradisi ini udah ada sejak zaman nenek moyang dan sampai sekarang masih dilakukan di banyak tempat. Intinya, *peusijuk* itu semacam acara pemberkatan atau doa bersama biar hidup kita diberkahi. Tapi bukan cuma itu — *peusijuk* juga punya makna sosial yang dalam.

Biasanya *peusijuk* dilakukan pas ada momen penting, kayak pindah rumah, naik haji, dapat pekerjaan baru, atau menikah. Kadang juga buat hal-hal kecil tapi berarti, kayak beli motor baru. Semua itu dianggap butuh doa dan restu. Karena bagi orang Aceh, apa pun yang dimulai harus disertai niat baik dan doa agar selamat.

Yang bikin menarik, dalam setiap *peusijuk* selalu ada simbol dan doa. Ada beras kunyit, daun pandan, air bunga, dan kadang juga kelapa muda. Semua elemen itu punya makna: kesucian, kesejukan, dan harapan. Saya selalu kagum gimana sesuatu yang kelihatannya sederhana bisa punya filosofi sedalam itu.

Buat saya, *peusijuk* itu kayak cara orang Aceh mengucap syukur, tapi dengan gaya yang khas. Bukan sekadar ucapan verbal, tapi tindakan nyata. Ada kebersamaan, ada keheningan, dan ada rasa khidmat yang bikin hati adem.

Saya pernah ikut *peusijuk* waktu keluarga saya pindah rumah. Meski acaranya singkat, rasanya damai banget. Kayak ada energi positif yang mengalir di ruangan itu. Saya nggak tahu gimana menjelaskannya, tapi momen itu bikin saya sadar kalau budaya Aceh bukan cuma tradisi — tapi juga cara hidup.

Dan saya rasa, *peusijuk* tetap relevan sampai sekarang. Di dunia yang makin modern, tradisi ini kayak pengingat bahwa manusia tetap butuh doa, restu, dan harapan baik untuk melangkah.

2. Asal Usul dan Makna Peusijuk

Kalau ditelusuri, *peusijuk* udah jadi bagian penting dari budaya Aceh sejak ratusan tahun lalu. Kata "peusijuk" sendiri berasal dari bahasa Aceh yang berarti "mendinginkan" atau "menyejukkan." Jadi, intinya tradisi ini bukan cuma doa, tapi juga cara untuk menenangkan hati dan pikiran.

Dulu, sebelum Aceh berkembang seperti sekarang, *peusijuk* dilakukan oleh tokoh adat atau teungku kampung. Mereka memimpin doa dan menaburkan beras kunyit ke orang yang di-*peusijuk* sambil membacakan ayat-ayat Al-Qur'an. Prosesnya sederhana, tapi punya aura sakral yang bikin orang merasa dilindungi.

Maknanya juga dalam banget. Beras kunyit melambangkan rezeki dan keberkahan. Daun pandan berarti kesejukan dan keharuman hidup. Air bunga simbol kesucian. Semuanya mengajarkan satu hal penting: bahwa hidup harus dijalani dengan hati yang bersih dan niat yang tulus.

Saya pernah nanya ke nenek saya, "Kenapa setiap hal baru harus dipeusijuk?" Nenek cuma senyum dan jawab, "Biar adem, Nak. Karena yang dimulai dengan doa, insyaallah berakhir dengan kebaikan." Dan dari situ saya ngerti, *peusijuk* itu bukan sekadar ritual, tapi bentuk rasa syukur yang dalam.

Yang paling keren, *peusijuk* juga jadi ajang silaturahmi. Orang datang, duduk, saling mendoakan, makan bersama, dan tertawa. Ada nilai sosial yang kuat di situ. Kita belajar untuk saling mendoakan, bukan menjatuhkan.

Jadi, kalau dipikir-pikir, *peusijuk* itu bukan cuma warisan budaya. Ia adalah bentuk kasih sayang antar manusia yang diwujudkan lewat simbol-simbol sederhana tapi penuh makna.

3. Peusijuk dan Kehidupan Sehari-hari

Yang menarik dari budaya Aceh adalah bagaimana *peusijuk* nggak cuma hadir di momen besar, tapi juga di kehidupan sehari-hari. Saya sering lihat tetangga yang baru beli motor langsung di-*peusijuk*. Kadang lucu, tapi juga ngena. Karena itu nunjukin betapa pentingnya doa bagi orang Aceh, bahkan untuk hal-hal kecil.

Buat sebagian orang, mungkin tradisi ini keliatan kuno. Tapi buat saya, justru di situlah nilai kerennya. Di dunia yang makin sibuk, orang Aceh tetap punya cara untuk berhenti sejenak dan bersyukur. *Peusijuk* jadi momen refleksi kecil tentang hidup — tentang bagaimana setiap langkah harus dimulai dengan niat baik.

Biasanya, kalau *peusijuk* berlangsung, suasananya selalu hangat. Orang-orang datang dengan pakaian rapi, duduk lesehan, dan mendengarkan doa. Anak-anak berlarian, ibu-ibu sibuk menyiapkan hidangan, sementara bapak-bapak ngobrol di teras. Ada keakraban yang nggak bisa diganti dengan teknologi apa pun.

Saya rasa, *peusijuk* juga jadi simbol bagaimana agama dan adat bersatu di Aceh. Dalam satu acara, kita bisa lihat perpaduan antara nilai Islam dan tradisi lokal. Doa dibacakan dengan khidmat, tapi tetap disertai kearifan lokal yang khas.

Di satu sisi, *peusijuk* memang ritual, tapi di sisi lain, ia juga seni sosial. Semua orang punya peran — ada yang nyiapin, ada yang didoakan, ada yang menyaksikan. Setiap langkah punya makna, setiap senyum punya doa tersendiri.

Mungkin karena itu, setiap kali saya ikut *peusijuk*, saya selalu ngerasa damai. Rasanya kayak dunia berhenti sebentar untuk memberi ruang pada kedamaian.

4. Simbolisme yang Dalam di Balik Peusijuk

Kalau dilihat sepintas, *peusijuk* mungkin cuma acara tabur beras dan doa. Tapi kalau kita pahami maknanya satu-satu, semua yang dipakai dalam *peusijuk* punya filosofi yang luar biasa.

Beras kunyit misalnya, bukan sekadar hiasan. Warna kuningnya melambangkan kemakmuran dan kebahagiaan. Air bunga jadi simbol penyucian diri, sementara daun pandan dan pisang menggambarkan kesejukan dan keteguhan hati. Semuanya nyatu dalam satu tujuan: biar hidup kita tenang dan penuh keberkahan.

Saya pernah bantu ibu nyiapin perlengkapan *peusijuk*. Waktu itu saya heran kenapa harus detail banget — bahkan tata letak bahan-bahannya pun harus rapi. Tapi ibu bilang, "Kalau kita berdoa dengan hati yang rapi, hidup juga bakal rapi." Dan kalimat itu selalu saya inget sampai sekarang.

Peusijuk juga ngajarin kita buat menghormati setiap langkah dalam hidup. Nggak peduli kecil atau besar, semuanya layak dirayakan dengan doa. Dari beli kendaraan baru sampai kelulusan, semua punya ruang untuk disyukuri.

Saya rasa, tradisi ini adalah bentuk mindfulness versi Aceh. Kita diajak buat hadir penuh di setiap momen, buat sadar bahwa hidup bukan cuma tentang hasil, tapi juga proses.

Dan yang paling penting, *peusijuk* ngajarin kita buat rendah hati. Karena pada akhirnya, semua keberhasilan bukan cuma hasil kerja keras, tapi juga karena restu dan doa dari orang-orang di sekitar kita.

5. Tantangan dan Harapan di Era Modern

SEKARANG, TANTANGAN terbesar buat *peusijuk* adalah menjaga maknanya tetap hidup di tengah modernisasi. Banyak anak muda yang mulai lupa atau bahkan belum pernah ikut *peusijuk* secara langsung. Padahal, di situlah salah satu cara kita belajar tentang akar budaya dan nilai spiritual.

Saya pernah denger ada yang bilang, "Ah, peusijuk itu ketinggalan zaman." Tapi saya malah berpikir sebaliknya. Justru di zaman yang serba instan ini, tradisi kayak *peusijuk* penting banget buat bikin kita tetap terhubung sama nilai-nilai kemanusiaan.

Bayangin kalau semua orang bisa ngambil sedikit makna dari tradisi ini — mungkin dunia bakal lebih tenang. Karena inti dari *peusijuk* itu bukan seremoni, tapi rasa saling mendoakan. Dan itu hal yang mulai langka di era digital.

Buat saya, cara terbaik menjaga *peusijuk* tetap hidup adalah dengan ikut melakukannya. Bukan cuma nonton, tapi terlibat. Dan kalau bisa, kenalin ke teman-teman yang belum tahu. Karena budaya itu nggak akan bertahan kalau cuma disimpan, tapi harus terus dibagikan.

Mungkin suatu saat nanti *peusijuk* bisa dikemas ulang, biar tetap relevan buat generasi muda. Misalnya dengan pendekatan edukatif di sekolah, atau dijadikan bagian dari acara kebudayaan modern. Yang penting, esensinya jangan hilang.

Karena *peusijuk* bukan cuma ritual. Ia adalah jembatan antara masa lalu dan masa depan, antara manusia dan Tuhannya, antara individu dan komunitas.

6. Penutup: Ademnya Doa yang Turun Pelan

Setiap kali saya ikut *peusijuk*, ada satu momen yang selalu bikin merinding: saat beras kunyit ditaburkan ke kepala. Butiran halusnya jatuh pelan, tapi rasanya kayak hujan doa yang lembut. Dalam diam, semua orang menunduk, dan entah kenapa hati saya selalu merasa tenang.

Mungkin di situlah kekuatan *peusijuk* — sederhana tapi penuh makna. Di zaman yang semuanya serba cepat dan bising, tradisi ini ngajak kita buat berhenti sejenak, buat merasa, buat mengingat.

Buat saya, *peusijuk* bukan sekadar budaya Aceh, tapi juga bentuk cinta. Cinta kepada Tuhan, cinta kepada sesama, dan cinta kepada kehidupan itu sendiri.

Dan saya percaya, selama orang Aceh masih mau saling mendoakan, *peusijuk* nggak akan pernah hilang. Ia akan terus hidup di setiap rumah, di setiap doa, dan di setiap langkah baru yang diambil dengan niat baik.

Karena keberkahan bukan datang dari apa yang kita punya, tapi dari hati yang tulus dan doa yang sederhana.

Bab IV – Tari Saman: Warisan Aceh yang Mendunia

1. Saman, Lebih dari Sekadar Tarian

Kalau ngomongin Aceh, pasti banyak orang langsung inget sama satu hal yang paling khas — Tari Saman. Tarian ini bukan cuma dikenal di Indonesia, tapi juga di dunia. Bahkan UNESCO udah resmi mengakui Tari Saman sebagai *Intangible Cultural Heritage of Humanity* alias Warisan Budaya Takbenda Dunia. Tapi di balik tepukan tangan dan gerakan yang cepat itu, Saman punya makna yang jauh lebih dalam.

Bagi banyak orang, Tari Saman adalah simbol semangat dan kebersamaan. Gerakannya yang kompak dan serentak bukan cuma soal keindahan, tapi juga tentang kekuatan kerja sama. Nggak ada yang menonjol sendiri di Saman — semua penari harus seirama, karena kalau satu aja meleset, ritmenya bisa berantakan.

Saya pernah nonton Tari Saman secara langsung di acara budaya kampus. Begitu penarinya mulai bergerak, saya langsung terpukau. Suaranya, tepukannya, dan ekspresinya kayak punya energi sendiri. Ada getaran yang bikin bulu kuduk merinding. Nggak cuma keren secara visual, tapi juga menghipnotis secara emosional.

Tapi yang paling bikin saya kagum adalah filosofi di baliknya. Saman bukan sekadar hiburan, tapi bentuk ekspresi spiritual dan sosial masyarakat Aceh. Tarian ini dulunya dipakai untuk dakwah — buat menyampaikan pesan agama dan moral dengan cara yang indah.

Dari situ saya sadar, budaya Aceh itu luar biasa bijak. Mereka tahu cara menyampaikan nilai agama dan kebersamaan lewat seni. Nggak dengan marah atau memaksa, tapi dengan harmoni gerak dan suara yang bikin semua orang betah menyimak.

Mungkin itu sebabnya Tari Saman bisa diterima di mana-mana. Karena walau berasal dari daerah kecil di Gayo Lues, maknanya bersifat universal — tentang persatuan, disiplin, dan harmoni hidup.

2. Asal Usul dan Nilai Spiritual di Baliknya

Tari Saman berasal dari dataran tinggi Gayo, tepatnya di daerah Gayo Lues. Menurut sejarah, tarian ini pertama kali diperkenalkan oleh seorang ulama besar bernama Syekh Saman. Beliau memakai tarian ini sebagai media dakwah untuk menyebarkan ajaran Islam di pedalaman Aceh. Jadi, sejak awal, Saman udah punya hubungan erat dengan nilai-nilai keagamaan.

Nama "Saman" sendiri diambil dari nama sang ulama, dan maknanya melekat kuat sampai sekarang. Awalnya, tarian ini dilakukan di meunasah atau tempat ibadah kecil, sebagai bentuk zikir kolektif yang dikemas dalam gerakan dan syair. Lama-lama, Tari Saman berkembang jadi bagian dari budaya dan identitas masyarakat Gayo.

Kalau kita perhatikan, setiap gerakan Saman itu punya arti. Gerakan tangan, kepala, dan badan semuanya disusun untuk menggambarkan kekompakan dan kebersamaan umat. Bahkan, tempo yang cepat dan ritme yang dinamis itu melambangkan semangat kerja keras dan kedisiplinan.

Yang menarik, Tari Saman nggak diiringi musik modern, tapi suara manusia. Penari Saman sendiri yang bikin irama —

lewat tepuk tangan, pukulan dada, dan lantunan syair. Dan dari situ, kita bisa lihat bahwa manusia dan alam bisa berkolaborasi dalam kesederhanaan.

Saya pernah denger guru seni bilang, "Saman itu bukan cuma tarian, tapi ibadah." Dan makin saya pikir, makin masuk akal. Karena di dalamnya ada zikir, ada doa, dan ada rasa syukur atas kebersamaan.

Makanya, setiap kali Tari Saman ditampilkan, bukan cuma tubuh yang bergerak, tapi juga jiwa yang ikut menari. Ada semacam energi spiritual yang bikin penonton ikut larut — meski mereka nggak ngerti bahasanya.

3. Harmoni yang Lahir dari Disiplin

Yang paling keren dari Tari Saman itu adalah sinkronisasinya. Bayangin aja, belasan orang duduk berjejer, terus bergerak seirama dalam tempo yang super cepat. Nggak ada satu pun yang boleh salah. Kalau satu orang aja terlambat sepersekian detik, semua bisa kacau.

Saya sempat ngobrol sama teman yang pernah ikut latihan Saman. Katanya, latihan itu butuh kesabaran luar biasa. Bisa berjam-jam duduk bersila, ulang gerakan yang sama terus-menerus sampai benar-benar kompak. Bahkan katanya, satu latihan bisa berlangsung seminggu penuh cuma buat nyamain tempo dan napas.

Dari situ saya ngerti kenapa Tari Saman bisa jadi simbol persatuan. Karena di dalamnya ada latihan kesabaran, kepekaan, dan tanggung jawab terhadap kelompok. Semua penari harus saling percaya dan saling dukung. Kalau ada yang lemah, yang lain bantu nutupin.

Dan itu nggak cuma berlaku di panggung. Di kehidupan nyata pun, nilai-nilai itu penting banget. Kita butuh kerja sama dan empati supaya bisa maju bareng. Tari Saman kayak miniatur masyarakat yang ideal — semua orang punya peran, tapi nggak ada yang lebih penting dari yang lain.

Yang bikin saya makin kagum, setiap gerakan di Saman bukan cuma gerak tubuh, tapi juga simbol kehidupan. Tepukan menggambarkan irama kerja, goyangan tubuh melambangkan dinamika hidup, dan lantunan syair menggambarkan doa. Semua elemen saling melengkapi.

Buat saya, nonton Tari Saman itu kayak ngeliat keindahan dalam keteraturan. Gerakannya cepat, tapi penuh makna. Dan mungkin itulah esensi kehidupan yang sebenarnya — bergerak cepat tanpa kehilangan arah.

4. Perempuan dan Tari Saman di Masa Kini

Kalau dulu Tari Saman cuma dimainkan oleh laki-laki, sekarang udah banyak juga versi perempuan. Bahkan, banyak sekolah dan universitas yang punya tim Tari Saman khusus cewek. Saya pernah nonton versi modernnya waktu lomba seni antar sekolah, dan jujur aja, keren banget. Gerakannya tetap cepat, tapi ada sentuhan lembut yang khas perempuan.

Keterlibatan perempuan dalam Tari Saman ini nunjukin kalau budaya bisa berkembang tanpa kehilangan jati diri. Saman tetap Saman, tapi lebih inklusif. Anak muda, baik laki-laki maupun perempuan, bisa ikut menjaga dan meneruskan warisan ini.

Yang bikin menarik, beberapa tim Saman sekarang juga bereksperimen dengan gaya modern — misalnya nambahin pencahayaan panggung, koreografi kreatif, atau kostum yang lebih berwarna. Tapi meskipun ada inovasi, nilai utamanya tetap dijaga: kebersamaan, disiplin, dan harmoni.

Saya sempat tanya ke salah satu penari cewek, kenapa dia suka Tari Saman. Dia jawab, "Karena di sini kita belajar jadi satu. Kalau aku salah, teman-teman yang lain bisa kena efeknya.

Jadi, aku harus fokus dan tanggung jawab." Jawaban itu sederhana, tapi ngena banget.

Tari Saman ngajarin anak muda tentang solidaritas dengan cara yang elegan. Nggak lewat ceramah, tapi lewat tubuh yang bergerak serempak dan jiwa yang saling menyatu.

Dan mungkin, di tengah dunia yang makin individualistis, Saman jadi pengingat bahwa kita nggak bisa hidup sendiri. Kita butuh irama yang sama untuk tetap kuat.

5. Saman di Mata Dunia

Sekarang, Tari Saman udah bukan cuma kebanggaan Aceh, tapi juga kebanggaan Indonesia. Banyak banget penampilan Saman di luar negeri — dari Malaysia, Jepang, sampai Amerika. Setiap kali tampil, penontonnya selalu kagum. Mereka nggak cuma ngeliat seni, tapi juga semangat yang memancar dari setiap tepukan dan senyuman penarinya.

Buat saya, ini bukti bahwa budaya lokal bisa bersaing di panggung global tanpa harus kehilangan akar. Saman nggak perlu jadi "modern" buat diakui. Justru kesederhanaannya yang bikin orang luar terpesona.

Saya pernah nonton video tim Saman dari mahasiswa Indonesia di Jerman. Mereka tampil di festival budaya internasional, dan penontonnya berdiri tepuk tangan lama banget. Saya merinding liatnya. Bayangin, dari sebuah daerah kecil di Gayo Lues, pesan harmoni bisa sampai ke benua lain.

Yang bikin saya bangga, Tari Saman nggak cuma menunjukkan keindahan Aceh, tapi juga karakter bangsa kita: gotong royong, semangat, dan kerja keras. Nilai-nilai itu universal dan bisa diterima di mana pun.

Kalau dipikir-pikir, Tari Saman itu kayak bahasa tanpa kata. Nggak peduli kamu orang Aceh, Jawa, atau bule — begitu nonton, kamu bisa langsung ngerasain energinya. Karena Saman nggak cuma dilihat, tapi juga dirasakan.

Dan mungkin, di situlah kekuatan sejatinya. Ia nggak butuh terjemahan, cukup keikhlasan dan ritme yang menyatu.

6. Penutup: Irama yang Menyatukan

Setiap kali saya nonton Tari Saman, ada satu hal yang selalu saya rasakan: ketenangan di tengah kecepatan. Gerakannya cepat, tapi harmoninya tenang. Mungkin karena di balik setiap tepukan dan senyuman, ada jiwa-jiwa yang terhubung oleh rasa kebersamaan.

Bagi saya, Tari Saman adalah doa yang bergerak. Ia mengajarkan banyak hal — tentang kerja sama, disiplin, dan cinta pada tradisi. Dan meskipun zaman berubah, maknanya tetap sama.

Anak muda sekarang mungkin sibuk dengan gadget dan dunia digital, tapi saya yakin, kalau mereka sekali aja ikut latihan Saman, mereka bakal ngerti arti "satu napas, satu irama." Karena di situ, kita belajar jadi bagian dari sesuatu yang lebih besar dari diri sendiri.

Saya berharap, Tari Saman terus hidup — bukan cuma di panggung besar, tapi juga di hati generasi muda Aceh. Karena selama masih ada anak muda yang mau menepuk dada dengan ritme yang sama, semangat Saman nggak akan pernah padam.

Dan mungkin, di antara tepukan itu, ada pesan yang paling penting: bahwa harmoni sejati bukan datang dari kesamaan, tapi dari perbedaan yang mau bergerak seirama.

Bab V – Dunia Malam di Banda Aceh: Cahaya Tenang di Kota Religius

1. Malam di Banda Aceh yang Nggak Pernah Sepi

Buat banyak orang luar, Banda Aceh mungkin dikenal sebagai kota yang religius, tenang, dan kental dengan syariat Islam. Tapi buat yang pernah tinggal di sini, tahu banget kalau malam di Banda Aceh nggak selalu sunyi. Justru di saat matahari terbenam, ada kehidupan lain yang pelan-pelan mulai muncul — dunia malam yang nggak heboh, tapi tetap hidup dengan caranya sendiri.

Saya sering jalan malam-malam di sekitar kota, dan jujur aja, suasananya punya vibe yang unik. Nggak kayak kota besar lain yang bising dan penuh lampu neon, malam di Banda Aceh terasa adem. Tapi di balik keheningan itu, ada kehidupan sosial yang terus berdenyut — di warung kopi, di pinggir jalan, di tawa anak muda yang nongkrong sambil bahas hal receh tapi penting.

Yang menarik, dunia malam di Banda Aceh bukan tentang gemerlap, tapi tentang rasa. Tentang obrolan panjang di meja kopi, tentang musik akustik yang sayup di warkop, tentang tawa yang terdengar lebih jujur daripada siang hari. Karena malam di sini, bukan waktu untuk berpesta, tapi waktu buat menenangkan diri dari riuhnya dunia.

Buat saya, malam di Banda Aceh kayak ruang jeda. Di situ, orang-orang bisa berhenti sebentar dari urusan kerja, kuliah, atau hidup yang kadang terasa berat. Mereka duduk, ngopi, ngobrol, dan mungkin, menemukan diri sendiri di antara kepulan asap kopi.

Ada sesuatu yang sederhana tapi dalam dari suasana malam di kota ini. Mungkin karena nggak ada hiruk pikuk bar atau club, orang-orang jadi lebih fokus sama percakapan dan kebersamaan. Malam di Banda Aceh bukan tentang "hiburan," tapi tentang koneksi antar manusia.

Dan di situlah, saya ngerasa bahwa kota ini punya cara sendiri buat ngajarin makna kehidupan — lewat malam yang tenang, tapi penuh cerita.

2. Warkop: Jantung Dunia Malam Banda Aceh

Kalau kamu pengin tahu di mana pusat kehidupan malam di Banda Aceh, jawabannya cuma satu: warkop. Hampir di setiap sudut kota, kamu bakal nemuin warung kopi yang buka sampai larut malam, bahkan ada yang nggak pernah tutup. Di sinilah dunia malam Banda Aceh berputar.

Warkop bukan cuma tempat ngopi, tapi tempat semua kalangan bertemu. Ada mahasiswa yang ngerjain tugas sambil nunggu WiFi, ada bapak-bapak yang ngobrol soal politik, sampai anak muda yang nongkrong cuma buat bahas bola atau mimpi masa depan. Kadang, satu meja bisa diisi obrolan serius banget, tapi meja sebelah bisa ketawa ngakak bahas hal receh.

Yang bikin suasana warkop khas Aceh itu kopinya. Rasanya pekat, aromanya tajam, dan disajikan dengan gaya yang khas — dari saringan kain sampai gelas kecil berembun. Nggak heran, kopi di sini bukan cuma minuman, tapi identitas.

Saya pernah duduk di satu warkop tua di Peunayong, sambil liatin orang-orang datang dan pergi. Ada yang sendirian, ada yang rame-rame, tapi semuanya punya satu kesamaan: mereka nyari ketenangan. Di tengah obrolan ringan dan bunyi sendok yang ngetuk gelas, ada rasa damai yang nggak bisa dijelasin.

Warkop itu kayak versi modern dari meunasah — tempat orang ngumpul, saling kenal, dan saling belajar. Bedanya, yang dibaca bukan kitab, tapi realitas hidup yang terus berubah.

Mungkin karena itu, malam di Banda Aceh nggak pernah benar-benar sepi. Selama masih ada secangkir kopi dan percakapan hangat, hidup di kota ini akan terus berdetak.

3. Antara Syariat dan Realitas

Sebagai kota yang dijuluki "Serambi Mekkah," Banda Aceh punya aturan ketat soal aktivitas malam. Banyak tempat hiburan modern nggak bisa bertahan lama di sini. Tapi bukan berarti malamnya mati. Orang Aceh punya cara lain untuk menikmati hidup tanpa melanggar nilai-nilai agama dan adat.

Saya sering mikir, ini justru yang bikin Banda Aceh unik. Karena di sini, kehidupan malam nggak dilarang, tapi diarahkan. Orang tetap bisa bersosialisasi, tapi dengan cara yang lebih santai dan bermakna. Nggak ada musik keras, tapi ada lantunan zikir dari masjid. Nggak ada lampu disko, tapi ada lampu-lampu jalan yang temaram, menemani langkah-langkah kecil menuju rumah.

Meski begitu, bukan berarti semuanya ideal. Kadang, ada juga sisi gelap dunia malam Banda Aceh yang jarang dibicarakan — remaja yang salah arah, anak muda yang kehilangan arah karena tekanan hidup. Saya pernah lihat sendiri, beberapa sudut kota yang berubah wajah setelah tengah malam. Ada cerita yang menyedihkan, tapi juga jadi pengingat bahwa setiap kota punya dua sisi.

Yang saya pelajari dari itu semua, hidup memang nggak pernah hitam putih. Aceh dengan syariatnya tetap manusiawi.

Masih ada yang jatuh, masih ada yang salah langkah, tapi di balik itu, ada niat besar untuk terus memperbaiki diri.

Dan mungkin itu juga yang bikin dunia malam Banda Aceh terasa jujur. Nggak berkilau, tapi nyata. Di balik ketenangan, ada perjuangan. Di balik doa, ada kelelahan. Dan di tengah semua itu, manusia terus belajar mencari keseimbangan antara iman dan kehidupan.

4. Peunayong: Wajah Lama yang Tetap Menyala

Kalau ngomongin dunia malam Banda Aceh, nggak bisa lepas dari Peunayong. Kawasan ini udah terkenal sejak dulu sebagai pusat keramaian dan perdagangan. Tapi yang bikin menarik, Peunayong juga punya sejarah panjang — dulu jadi pemukiman orang Tionghoa, dan sampai sekarang, jejaknya masih terasa kuat.

Saya pernah jalan kaki di Peunayong waktu malam. Lampu-lampu jalan memantul di bangunan tua bergaya kolonial dan Tionghoa. Di beberapa toko, papan nama masih berbahasa Mandarin. Ada aroma nostalgia yang nggak bisa hilang, seolah waktu berhenti di sana.

Malam di Peunayong bukan soal pesta, tapi soal cerita. Tentang pedagang tua yang masih buka sampai larut, tentang anak muda yang jajan sate sambil ketawa, tentang turis yang penasaran sama sisi lain Banda Aceh. Semuanya hidup berdampingan dengan damai.

Yang paling saya suka, Peunayong itu kayak miniatur toleransi. Meskipun Aceh dikenal religius, di kawasan ini kamu bisa liat percampuran budaya yang luar biasa. Orang Aceh,

Tionghoa, dan pendatang lain bisa hidup berdampingan tanpa ribut.

Dan mungkin, di sinilah letak keindahan Banda Aceh yang sesungguhnya. Kota ini bukan hanya tentang hukum dan batasan, tapi juga tentang adaptasi dan kedewasaan. Peunayong adalah bukti bahwa Aceh bisa religius tanpa kehilangan sisi manusiawinya.

Karena pada akhirnya, hidup di Banda Aceh itu soal mencari keseimbangan — antara menjaga nilai, dan membuka hati untuk perbedaan.

5. Anak Muda dan Malam yang Reflektif

Buat anak muda Aceh, malam sering kali jadi waktu paling jujur. Di siang hari mereka mungkin sibuk kuliah, kerja, atau urusan keluarga. Tapi begitu malam tiba, mereka duduk di warkop, di taman kota, atau di tepi pantai, lalu ngobrol tentang hidup. Tentang mimpi, tentang kegelisahan, tentang masa depan yang kadang terasa jauh banget.

Saya pernah denger sekelompok mahasiswa ngobrol di warkop. Awalnya bahas bola, tapi ujung-ujungnya ngomongin soal "gimana cara sukses tanpa harus ninggalin Aceh." Mereka ketawa, tapi saya bisa lihat keseriusan di mata mereka. Ada semangat, tapi juga rasa cemas.

Banda Aceh di malam hari itu bukan cuma tentang kopi, tapi juga tentang refleksi. Banyak anak muda yang nemuin ide, inspirasi, atau bahkan jati diri mereka lewat percakapan sederhana di malam yang sunyi.

Tapi di sisi lain, malam juga bisa jadi waktu yang rentan. Ada sebagian anak muda yang kehilangan arah, ngerasa terjebak, dan akhirnya milih jalan yang salah. Saya pernah liat itu juga — dan rasanya sedih banget. Karena di balik setiap tawa malam, bisa jadi ada seseorang yang berjuang keras menutupi rasa sepi.

Buat saya, malam di Banda Aceh adalah cermin jiwa masyarakatnya. Tenang di luar, tapi dalam di dalam. Dan anak muda Aceh, mereka bukan cuma penonton dari tradisi itu — mereka bagian dari denyutnya.

Karena di setiap tegukan kopi, di setiap percakapan panjang, ada harapan kecil untuk masa depan Aceh yang lebih terbuka dan tetap berakar.

6. Penutup: Banda Aceh, Malam yang Berbicara Pelan

Setiap kota punya wajah malamnya masing-masing. Tapi Banda Aceh punya cara tersendiri buat bercerita — pelan, hangat, tapi dalam. Di sini, malam bukan tentang hingar bingar, tapi tentang makna. Tentang orang-orang yang masih mau saling sapa di warkop, tentang doa yang bergema di masjid, tentang tawa kecil di antara kepulan kopi hitam.

Buat saya, dunia malam Banda Aceh itu kayak napas yang lembut. Ia nggak berteriak, tapi tetap ada. Ia nggak butuh lampu sorot, karena sinarnya datang dari hati orang-orang yang menghidupinya.

Dan mungkin, di tengah kota yang religius ini, malam justru jadi waktu terbaik buat mengenal sisi kemanusiaan Aceh yang sesungguhnya. Di situlah kita bisa lihat keseimbangan antara iman dan realitas, antara aturan dan kebebasan, antara diam dan hidup.

Saya percaya, malam-malam Banda Aceh adalah doa yang tak diucapkan. Di antara gelas kopi dan langkah-langkah yang pelan, ada rasa syukur yang tumbuh diam-diam.

Karena di kota ini, bahkan malam pun bisa jadi tempat belajar — tentang arti sederhana dari kata "hidup."

Bab VI – Aceh dan Keberagaman: Harmoni di Ujung Barat Nusantara

1. Warna-Warni di Tanah Rencong

Kalau kamu pikir Aceh itu cuma satu warna, kamu salah besar. Di ujung barat Indonesia ini, keberagaman bukan cuma slogan, tapi napas kehidupan sehari-hari. Dari ujung Sabang sampai Tamiang, tiap daerah punya logat, adat, dan kebiasaan yang beda, tapi semuanya tetap menyatu di bawah satu nama: Aceh.

Saya pernah jalan ke beberapa kabupaten di Aceh, dan tiap tempat selalu punya suasana yang berbeda. Di Gayo, udara sejuk dan aroma kopi kuat banget. Di Aceh Selatan, orang-orangnya ramah dan suka bercanda. Di Aceh Tamiang, logatnya mirip Melayu, sementara di Simeulue, nada bahasanya khas banget. Tapi di balik perbedaan itu, semua orang tetap merasa satu.

Yang bikin saya kagum, meski beda suku dan budaya, orang Aceh punya nilai yang sama: saling menghormati. Beda dialek, beda makanan, beda adat — nggak jadi masalah. Karena bagi mereka, persaudaraan itu lebih penting dari sekadar kesamaan.

Aceh juga punya suku-suku yang jarang dibahas tapi luar biasa menarik. Ada suku Gayo yang hidup di dataran tinggi, suku Alas yang kuat mempertahankan adatnya, sampai suku Lamno yang dikenal punya ciri khas fisik unik karena sejarah campuran darah Eropa di masa lalu. Semua itu nunjukin bahwa Aceh bukan cuma satu cerita, tapi kumpulan kisah yang saling melengkapi.

Mungkin itu kenapa Aceh punya daya tarik yang susah dijelaskan. Karena keberagamannya bukan hasil impor, tapi tumbuh alami dari sejarah panjang interaksi antarbangsa. Dari pedagang Arab, India, Persia, sampai Tionghoa — semua pernah singgah dan ninggalin jejak di sini.

Buat saya, Aceh itu miniatur Indonesia. Di tanah kecil ini, kita bisa lihat bagaimana perbedaan bisa hidup damai kalau ada rasa saling menghargai.

2. Jejak Sejarah dan Pertemuan Budaya

Sejarah Aceh itu kayak kain tenun — rumit tapi indah. Setiap benang mewakili pertemuan budaya yang berbeda, tapi semuanya menyatu dalam pola yang harmonis. Sejak abad ke-7, Aceh udah dikenal sebagai pintu masuk Islam ke Nusantara, tapi sebelum itu, wilayah ini juga jadi jalur perdagangan internasional yang ramai.

Saya pernah baca catatan sejarah kalau dulu pedagang dari Gujarat, Arab, sampai Tiongkok sering singgah di pelabuhan Aceh. Mereka nggak cuma jual rempah, tapi juga tukar pikiran, budaya, dan cara hidup. Dari situ, Aceh mulai tumbuh sebagai tempat pertemuan berbagai peradaban.

Pengaruh itu masih kelihatan sampai sekarang. Lihat aja dari arsitektur rumah, musik, atau bahasa. Beberapa kata dalam bahasa Aceh punya akar dari bahasa Arab dan Persia. Bahkan makanan khasnya, kayak kuah beulangong atau mi Aceh, punya cita rasa hasil campuran dari budaya luar yang dibaurin dengan selera lokal.

Yang menarik, Aceh nggak kehilangan jati dirinya meskipun banyak dipengaruhi budaya luar. Justru sebaliknya, budaya-budaya itu diolah jadi bagian dari identitas Aceh yang kuat. Seolah Aceh bilang, "Kami terbuka, tapi tetap punya akar sendiri."

Saya jadi sadar kalau keberagaman itu nggak muncul dari teori, tapi dari pertemuan yang tulus. Dari interaksi sehari-hari antara manusia yang saling menghormati. Dan Aceh udah membuktikan itu sejak berabad-abad lalu.

Karena di sini, sejarah bukan cuma catatan masa lalu, tapi fondasi buat hidup berdampingan hari ini.

3. Agama dan Adat yang Berjalan Beriringan

Kalau ngomongin Aceh, pasti nggak bisa lepas dari Islam. Tapi yang sering orang luar lupa, Islam di Aceh itu bukan cuma ajaran, tapi juga budaya. Nilainya nggak cuma di masjid, tapi juga di cara orang makan, berpakaian, sampai menyapa sesama.

Saya suka banget gimana masyarakat Aceh bisa menyeimbangkan antara agama dan adat. Di satu sisi, aturan syariat ditegakkan dengan tegas. Tapi di sisi lain, adat dan tradisi tetap dijaga. Kayak pepatah Aceh bilang, *"Adat bak Poteu Meureuhom, hukom bak Syiah Kuala."* Artinya, adat diatur oleh raja, tapi hukum Islam tetap dipegang ulama.

Dua hal itu nggak saling tabrakan, malah saling melengkapi. Misalnya, dalam acara *peusijuk*, ada doa dan simbol yang terinspirasi dari ajaran Islam, tapi bentuknya masih mencerminkan budaya lokal. Atau dalam pernikahan, adat Aceh tetap diikuti, tapi dengan nilai-nilai agama yang kuat di dalamnya.

Saya ngerasa, hal ini yang bikin Aceh tetap harmonis. Karena di sini, orang nggak cuma belajar tentang halal dan haram, tapi juga tentang bagaimana hidup selaras dengan sesama manusia.

Di tengah dunia modern yang sering ngebenturin agama dan budaya, Aceh ngasih contoh bahwa keduanya bisa berjalan bareng. Asal dijalani dengan niat baik dan rasa saling menghormati.

Dan saya pikir, itulah esensi keberagaman sejati — bukan tentang siapa yang paling benar, tapi siapa yang paling bisa menjaga harmoni.

4. Musik, Seni, dan Bahasa: Cermin Keberagaman

Salah satu hal yang paling saya suka dari Aceh adalah seninya. Musiknya hidup, bahasanya ekspresif, dan tariannya penuh makna. Dari *rapa'i*, *seudati*, sampai *saman*, semuanya punya akar budaya yang dalam. Tapi yang lebih keren, tiap daerah punya versi dan gayanya sendiri.

Saya pernah nonton pertunjukan *Rapa'i Geleng* di Banda Aceh, dan rasanya luar biasa. Suara rebana, gerakan serempak, dan lantunan syairnya kayak menggambarkan semangat kolektif masyarakat Aceh. Di tempat lain, *Saman* dari Gayo punya tempo yang cepat dan energik — beda gaya, tapi satu semangat.

Bahasa juga jadi bukti keberagaman di Aceh. Selain bahasa Aceh, masih banyak bahasa daerah lain kayak Gayo, Alas, Aneuk Jamee, Tamiang, dan Singkil. Setiap bahasa punya keunikan tersendiri. Kadang saya kagum aja, gimana bisa satu provinsi punya begitu banyak dialek tapi tetap bisa saling ngerti?

Seni dan bahasa di Aceh itu bukan cuma alat komunikasi, tapi juga cara menyampaikan rasa. Melalui lagu, pantun, atau syair, orang Aceh bisa berbagi pesan tentang cinta, doa, dan kehidupan.

Yang menarik, banyak anak muda sekarang mulai sadar akan hal itu. Mereka bikin lagu-lagu modern dengan lirik bahasa Aceh, bikin konten digital tentang tradisi lokal, dan tampil dengan gaya kekinian tanpa melupakan akar budaya.

Buat saya, ini cara paling keren buat menjaga keberagaman tetap hidup — bukan dengan nostalgia, tapi dengan adaptasi. Karena budaya itu harus terus bernapas, dan generasi mudalah paru-parunya.

5. Hidup Rukun di Tengah Perbedaan

Saya percaya, yang bikin Aceh istimewa bukan cuma karena sejarah atau adatnya, tapi karena cara orang-orangnya menjaga hubungan sosial. Di sini, gotong royong masih kuat banget. Kalau ada acara kenduri, semua tetangga bantu. Kalau ada yang sakit, orang sekampung datang nengok. Rasa kebersamaan itu udah jadi bagian dari DNA orang Aceh.

Bahkan di daerah-daerah yang punya latar belakang suku atau agama berbeda, harmoni tetap dijaga. Misalnya di Aceh Singkil dan Aceh Tamiang, di mana ada komunitas non-Muslim yang hidup berdampingan dengan damai bersama masyarakat muslim. Mereka saling bantu, saling hormat, dan tahu batas.

Saya pernah ngobrol sama seorang teman dari Singkil, dia bilang, "Kami udah biasa saling bantu sejak kecil, jadi nggak pernah ribut soal agama." Kalimat itu sederhana, tapi dalam banget. Karena di situ ada kebijaksanaan hidup yang tumbuh dari pengalaman nyata.

Keberagaman di Aceh bukan hasil kebijakan, tapi hasil kesadaran. Orang Aceh paham bahwa perbedaan bukan ancaman, tapi anugerah. Selama ada rasa hormat, semua bisa berjalan selaras.

Dan saya pikir, ini pelajaran yang penting buat Indonesia secara keseluruhan. Karena kalau Aceh — dengan sejarahnya yang keras — bisa hidup damai dalam perbedaan, berarti harmoni itu bukan hal mustahil.

Mungkin dunia cuma butuh belajar sedikit dari cara orang Aceh tersenyum pada perbedaan.

6. Penutup: Harmoni yang Tak Pernah Pudar

Bagi saya, keberagaman di Aceh itu bukan sekadar data antropologi, tapi cerita hidup yang bisa dirasakan. Dari warkop di Peunayong sampai dataran tinggi Gayo, dari zikir di masjid sampai tawa anak muda di tepi pantai — semuanya bagian dari satu irama yang sama: kebersamaan.

Aceh udah melewati banyak hal — perang, bencana, konflik, tapi satu hal yang nggak pernah hilang adalah rasa saling menghargai. Di sini, orang masih tahu arti sapaan, masih ngerti makna silaturahmi, dan masih percaya bahwa perbedaan bisa dirangkul, bukan dihindari.

Keberagaman di Aceh itu kayak kopi yang diseduh pelan. Rasanya mungkin kuat, kadang pahit, tapi selalu ninggalin kehangatan di akhir.

Dan saya berharap, generasi muda Aceh bisa terus menjaga rasa itu. Karena keberagaman bukan warisan yang bisa disimpan di museum — tapi sesuatu yang harus dijaga lewat tindakan sehari-hari.

Mungkin suatu hari nanti, ketika dunia makin sibuk memperdebatkan perbedaan, Aceh bisa jadi contoh kecil tentang bagaimana harmoni masih mungkin ada — asal kita mau mendengarkan, bukan saling berteriak.

Karena di ujung barat Nusantara ini, keberagaman bukan sekadar hidup — tapi bernyanyi, dalam bahasa Aceh yang lembut dan abadi.

Bab VII – Dunia Sekolah: Antara Tugas, Teman, dan Drama

1. Sekolah: Tempat Ribet tapi Ngangenin

Sekolah itu tempat paling ribet, tapi entah kenapa selalu bikin kangen. Setiap pagi harus buru-buru, berangkat dengan mata setengah melek, kadang belum sempat sarapan, tapi tetap aja datang. Ada PR yang belum dikerjain, guru yang killer banget, dan jam pelajaran yang rasanya nggak pernah habis. Tapi anehnya, semua itu terasa bermakna begitu waktu udah berlalu.

Saya masih ingat betul rasanya nungguin bel istirahat cuma buat bisa duduk di kantin bareng teman-teman. Kadang makanannya biasa aja, tapi suasananya yang bikin berharga. Ada yang curhat, ada yang ngeluh soal tugas, ada juga yang ngeributin siapa yang lagi deket sama siapa. Sekolah tuh kayak miniatur kehidupan — penuh warna, penuh cerita, dan kadang penuh drama.

Yang lucu, sering kali hal-hal kecil justru yang paling diingat. Kayak lupa bawa buku terus dipinjemin teman, atau ketahuan tidur di kelas. Kadang hal receh kayak gitu malah jadi kenangan yang kita ceritain berulang kali setelah lulus.

Di balik keribetannya, sekolah adalah tempat pertama kita belajar tentang dunia luar — bukan cuma lewat pelajaran, tapi lewat interaksi dengan orang lain. Kita belajar cara bersabar, cara berteman, cara gagal, dan cara bangkit lagi.

Dan kalau dipikir-pikir, mungkin inilah kenapa banyak orang dewasa bilang masa sekolah itu masa paling indah. Bukan karena semuanya mudah, tapi karena di situ kita masih bisa salah tanpa takut dihakimi. Dunia sekolah adalah ruang latihan sebelum menghadapi kehidupan yang sebenarnya.

Kalau bisa diulang, saya pengin balik duduk di kelas, bukan buat belajar rumus, tapi buat ngerasain lagi suasana yang sekarang udah nggak bisa dibeli dengan waktu.

2. Tugas yang Nggak Ada Habisnya

Setiap siswa pasti punya momen ketika ngerasa tugas sekolah tuh kayak monster yang nggak pernah tidur. Baru selesai satu, udah muncul dua lagi. Ada tugas kelompok yang ujung-ujungnya dikerjain sendiri, ada laporan praktikum yang bikin mata panas, dan ada PR matematika yang bikin pengin berhenti berpikir.

Kadang saya mikir, tugas itu kayak latihan sabar terselubung. Karena nggak peduli seberapa capek atau ngantuk, kita tetap harus ngumpulin di hari yang sama. Dan anehnya, walau sering ngeluh, kita tetap ngerjain. Mungkin karena di balik semua tekanan itu, ada rasa puas ketika akhirnya bisa nyerahin hasil kerja keras sendiri.

Tapi di sisi lain, tugas juga ngajarin kita tentang tanggung jawab. Bukan cuma karena takut nilai jelek, tapi karena kita mulai ngerti bahwa hidup itu nggak bisa ditunda terus. Setiap pekerjaan, sekecil apa pun, butuh komitmen.

Saya masih inget malam-malam begadang buat nyelesain tugas kelompok. Awalnya niat serius, tapi ujungnya malah buka YouTube atau ngobrol ngalor-ngidul. Tapi di situ justru muncul momen kebersamaan yang jarang ada di tempat lain. Kita ngerasa capek bareng, tapi juga ketawa bareng.

Yang paling lucu, kadang tugas malah jadi alasan buat makin deket sama teman. Dari yang awalnya cuma kenal lewat grup kelas, bisa jadi sahabat karena sering lembur bareng di perpustakaan.

Mungkin itu rahasia kenapa sekolah nggak pernah bener-bener membosankan — karena di balik tumpukan tugas, selalu ada cerita kecil yang bikin semuanya terasa hidup.

3. Teman: Sumber Tawa dan Drama

Kalau sekolah itu panggung, maka teman-teman adalah para pemeran utamanya. Tanpa mereka, sekolah bakal kerasa kayak ruang kosong tanpa suara. Tapi dengan mereka, tiap hari selalu ada aja cerita baru yang bikin ketawa atau justru bikin kesel.

Saya yakin semua orang punya teman yang nggak bisa dilupain. Ada yang lucunya kebangetan, ada yang suka ngatur, ada juga yang misterius banget sampai nggak pernah ketahuan PR-nya selesai atau nggak. Tapi anehnya, perbedaan itu justru bikin suasana kelas jadi seru.

Teman-teman di sekolah juga ngajarin kita banyak hal yang nggak tertulis di buku. Dari mereka, kita belajar empati, kompromi, bahkan cara minta maaf. Kadang lewat ribut kecil soal hal sepele, kita tahu gimana caranya menjaga hubungan.

Tapi nggak bisa dipungkiri, pertemanan di sekolah juga penuh drama. Ada sahabat yang tiba-tiba ngejauh, ada geng yang pecah, ada gosip yang nggak jelas sumbernya dari mana. Semua itu bagian dari proses tumbuh.

Saya pernah ngalamin momen di mana teman deket tiba-tiba berubah. Awalnya kesel, tapi lama-lama saya sadar —

semua orang punya fase masing-masing. Kadang bukan mereka yang berubah, tapi kita yang tumbuh ke arah berbeda.

Dan lucunya, justru teman yang sering berantem sama kita waktu sekolah sering jadi orang yang paling kita rindukan setelah lulus. Karena dari mereka, kita belajar arti "dekat" yang sesungguhnya.

4. Guru: Sosok yang Kadang Galak tapi Selalu Berarti

Setiap siswa pasti punya guru yang paling diingat. Entah karena cara ngajarnya unik, karena suka ngasih nilai pas-pasan, atau karena sering ngasih nasihat yang ternyata baru kita pahami setelah lulus.

Saya masih inget satu guru yang dulu kelihatannya killer banget. Setiap masuk kelas, semua langsung diam. Tapi setelah beberapa tahun, saya baru sadar kalau semua itu bukan karena dia marah, tapi karena dia peduli. Dia cuma pengin murid-muridnya serius dan nggak main-main sama masa depan.

Ada juga guru yang justru jadi kayak teman sendiri. Yang suka bercanda, tapi tetap bisa tegas. Yang ngasih ruang buat muridnya jadi diri sendiri. Kadang satu kalimat dari mereka bisa nyantol di kepala seumur hidup — kayak, "Jangan takut gagal, tapi jangan juga nyaman di tempat yang aman."

Guru itu nggak cuma pengajar, tapi juga saksi perjalanan kita tumbuh. Mereka ngeliat kita dari anak polos yang takut ngomong, sampai jadi remaja yang mulai berani berpendapat.

Dan yang paling keren, guru nggak cuma ngajarin pelajaran, tapi juga nilai hidup. Tentang kejujuran, tentang tanggung jawab, tentang cara menghadapi orang lain dengan hormat. Nilai-nilai itu mungkin nggak ada di rapor, tapi justru paling penting buat kehidupan.

Kadang, kita baru sadar betapa berharganya peran guru setelah nggak lagi duduk di bangku sekolah. Setelah dunia yang sebenarnya mulai terasa berat, baru kita ngerti kenapa dulu mereka selalu bilang, "Belajar itu bukan buat nilai, tapi buat hidup."

5. Drama Sekolah: Dari Geng, Cinta, sampai Kompetisi

Nggak ada sekolah tanpa drama. Dari yang lucu sampai yang bikin baper, semuanya pernah jadi bagian dari kehidupan pelajar. Ada drama cinta yang diam-diam bikin jantung deg-degan tiap kali ketemu di lorong, ada geng pertemanan yang tiba-tiba pecah, ada juga kompetisi antar kelas yang bikin suasana kayak pertandingan nasional.

Saya pernah ngalamin masa di mana satu kelas ribut cuma gara-gara rebutan lagu buat pentas seni. Tapi dari situ justru muncul kekompakan yang nggak disangka. Kadang konflik kecil malah jadi awal dari cerita besar.

Cinta di sekolah juga punya gaya khasnya sendiri — polos, lucu, dan kadang absurd. Dari surat kecil yang diselipin di buku, sampai kode-kode di status WhatsApp. Walau sering berakhir nggak jelas, tapi rasanya selalu manis untuk dikenang.

Selain itu, kompetisi antar siswa juga bikin sekolah jadi tempat yang hidup. Ada yang sibuk lomba akademik, ada yang ikut debat, olahraga, atau seni. Semua pengin nunjukin potensi terbaiknya, meski kadang persaingan bisa bikin tegang.

Tapi ujungnya, semua drama itu cuma bagian dari proses tumbuh. Setelah lulus, kita bakal lihat semuanya dengan senyum — bukan karena nggak penting, tapi karena semua itu bikin kita jadi versi diri yang lebih matang.

Sekolah memang penuh drama, tapi justru dari situlah kita belajar tentang realita: bahwa hidup nggak selalu adil, tapi selalu layak dijalani.

6. Penutup: Sekolah Bukan Sekadar Tempat Belajar

Setiap kali saya lewat depan sekolah lama, selalu ada perasaan aneh. Campuran antara rindu, haru, dan sedikit tawa karena ingat semua kejadian konyol di masa itu. Dulu saya sering ngeluh pengin cepat lulus, tapi sekarang saya sadar, justru di situlah masa paling jujur dalam hidup.

Sekolah bukan cuma tempat belajar, tapi tempat di mana kita pertama kali ngerti arti kegigihan, kehilangan, dan kebersamaan. Di sana kita tumbuh, bukan cuma secara akademik, tapi juga sebagai manusia.

Kalau hidup ini panggung besar, maka sekolah adalah bab pertama dari cerita panjang itu. Semua karakter, pengalaman, dan pelajaran yang kita dapet di sana jadi fondasi buat menghadapi dunia luar.

Dan mungkin, suatu hari nanti, ketika kita udah punya hidup masing-masing, kita bakal ketemu lagi — bukan di kelas, tapi di dunia yang lebih luas. Tapi kali ini, kita bakal bawa versi terbaik dari diri kita yang dulu dibentuk di ruang-ruang sekolah.

Saya percaya, setiap tawa, setiap PR, setiap drama kecil di sekolah, semuanya nggak sia-sia. Karena dari sanalah kita belajar bahwa hidup itu nggak perlu sempurna — cukup dijalani dengan hati dan rasa syukur.

Sekolah memang udah selesai, tapi pelajarannya bakal terus hidup di dalam diri kita, selama kita masih mau belajar dari kehidupan.

Bab VIII – Persahabatan di Sekolah Itu Nggak Selalu Mulus

1. Nggak Semua Persahabatan Seindah di Film

Punya sahabat di sekolah itu rasanya luar biasa. Mereka yang bareng dari pagi sampai sore, makan di kantin bareng, curhat bareng, bahkan kadang ikut ngerasain capek dan stres bareng. Tapi satu hal yang saya pelajari: persahabatan di dunia nyata nggak selalu kayak di film. Kadang manis, kadang ribet, dan sering kali penuh drama kecil yang bisa bikin baper.

Dulu saya pikir sahabat itu orang yang bakal selalu ada di setiap situasi. Tapi ternyata, semakin lama, semakin ngerti kalau hubungan antar manusia nggak sesederhana itu. Ada masa-masa di mana kita salah paham, saling diam, bahkan saling menjauh tanpa tahu sebabnya.

Banyak yang bilang sahabat sejati itu jarang, dan saya mulai percaya. Karena nggak semua teman yang bareng setiap hari bener-bener ngerti isi hati kita. Kadang justru orang yang jarang kita ajak ngobrol malah jadi tempat curhat terbaik.

Saya pernah punya sahabat yang kelihatannya solid banget. Ke mana-mana bareng, nongkrong tiap hari. Tapi gara-gara hal sepele, tiba-tiba jadi asing. Awalnya kesel banget, tapi lama-lama saya sadar — mungkin memang begitu cara hidup ngajarin kita arti kehilangan.

Persahabatan itu nggak selalu tentang "selalu bersama," tapi tentang siapa yang masih ada setelah semua ribut selesai. Dan itu cuma bisa dibuktikan lewat waktu.

Jadi kalau sekarang kamu punya sahabat yang masih bertahan meski sering berantem, anggap aja itu keberuntungan besar. Karena teman yang tahan sama semua versimu — dari baik sampai nyebelin — itu langka.

2. Dari Salah Paham ke Patah Hati

Kalau dipikir-pikir, yang paling nyakitin dalam pertemanan itu bukan kehilangan, tapi salah paham. Satu kata yang disalahartikan bisa berubah jadi perang dingin. Satu gosip kecil bisa bikin sahabat yang dulunya akrab tiba-tiba berubah jadi asing.

Saya pernah ngalamin itu sendiri. Semua berawal dari chat yang salah kirim — dan boom, suasana langsung berubah. Awalnya cuma lucu, tapi lama-lama jadi serius. Tiba-tiba semua obrolan berhenti, dan hubungan yang dulu akrab berubah jadi dingin banget.

Yang aneh, nggak ada yang mau ngalah. Ego bikin semuanya tambah jauh. Padahal kalau mau jujur, nggak ada yang salah sepenuhnya. Cuma dua orang yang sama-sama capek tapi gengsi buat ngomong duluan.

Waktu berlalu, dan saya sadar: salah paham dalam pertemanan itu kayak luka kecil yang nggak diobatin. Semakin dibiarkan, semakin parah. Dan kadang, ketika kita akhirnya mau ngobrol lagi, semuanya udah terlambat.

Tapi meski sakit, dari situ saya belajar. Nggak ada hubungan yang sempurna. Bahkan sahabat terbaik pun bisa salah paham. Yang penting bukan seberapa sering kita ribut, tapi seberapa cepat kita mau baikan lagi.

Memaafkan itu nggak selalu soal siapa yang benar. Kadang, itu cuma cara buat bilang: "Aku lebih sayang hubungan ini daripada egoku sendiri."

3. Teman Sejati Itu Jujur, Bukan yang Selalu Setuju

Di sekolah, saya sering lihat dua tipe teman: yang selalu setuju sama kita, dan yang berani ngomong jujur walau bikin sakit hati. Dulu, saya lebih suka tipe pertama. Tapi makin dewasa, saya sadar yang kedua justru lebih berharga.

Teman sejati bukan yang selalu bilang "iya", tapi yang bisa bilang "nggak" dengan alasan yang tulus. Mereka bukan yang pura-pura setuju demi menjaga perasaan, tapi yang jujur karena pengin kita jadi lebih baik.

Saya pernah dimarahin sama seorang teman karena saya ngelakuin hal bodoh. Waktu itu saya marah banget. Tapi beberapa bulan kemudian, saya sadar kalau dia benar. Dia peduli, cuma caranya aja yang agak keras. Tapi justru dari situ saya tahu, dia bukan cuma teman nongkrong, tapi teman yang beneran mikirin saya.

Sayangnya, nggak semua orang bisa nerima kejujuran kayak gitu. Banyak yang malah nganggapnya nyolot atau sok benar. Padahal, dunia ini udah cukup penuh dengan orang yang basa-basi. Teman sejati justru yang berani beda demi kebaikan.

Kalau kamu punya teman yang bisa ngomong jujur tanpa takut kamu marah, jangan jauhin dia. Rawat hubungan itu, karena orang kayak gitu jumlahnya nggak banyak.

Dan ingat, jujur itu bukan soal kata-kata, tapi soal niat. Kalau niatnya tulus, bahkan kritik bisa terasa seperti pelukan.

4. Teman Datang dan Pergi, Tapi yang Tulus Akan Bertahan

Satu hal yang pasti dari hidup — orang datang dan pergi. Termasuk teman. Di sekolah, kita bakal kenal banyak orang, tapi nggak semua akan tetap tinggal. Ada yang cuma lewat sebentar, ada yang menetap lama, dan ada yang hilang tanpa pamit.

Awalnya saya sedih banget tiap kehilangan teman. Apalagi kalau yang pergi itu orang yang dulu paling deket. Rasanya kayak kehilangan bagian dari diri sendiri. Tapi lama-lama saya ngerti, mungkin memang begitu cara waktu bekerja.

Teman nggak harus selalu bersama untuk tetap berarti. Kadang, mereka cuma datang buat ngasih pelajaran hidup, terus pergi lagi. Tapi jejaknya tetap ada, di dalam hati dan kenangan.

Saya masih sering inget teman-teman lama — yang dulu duduk di bangku sebelah, yang suka becanda waktu upacara, yang ngajarin rumus waktu ulangan. Mungkin sekarang kita jarang ketemu, tapi rasa terima kasih itu nggak pernah hilang.

Dan dari semua pertemanan yang datang dan pergi, saya belajar: yang tulus nggak butuh banyak janji. Mereka nggak perlu selalu hadir di setiap momen, tapi entah kenapa, kita tahu mereka tetap ada.

Teman sejati itu bukan yang sering muncul di story, tapi yang tetap ingat kita bahkan tanpa posting apa-apa.

5. Belajar Jadi Sahabat yang Baik

Sering kali, kita sibuk nyari teman yang baik tanpa sadar kalau kita sendiri juga harus belajar jadi sahabat yang baik. Kadang, kita nuntut dipahami, tapi lupa buat memahami. Kita pengin didengar, tapi jarang mau dengerin. Padahal, hubungan yang sehat itu dua arah.

Saya dulu sering baper kalau teman nggak peka atau lupa janji. Tapi makin ke sini, saya belajar buat nggak gampang marah. Karena bisa jadi, mereka juga lagi capek atau punya masalah sendiri.

Jadi sahabat yang baik bukan berarti selalu benar, tapi mau belajar buat ngerti posisi orang lain. Nggak egois, nggak gampang ngambek, dan berani minta maaf kalau salah. Hal sederhana, tapi susah banget buat dijalani.

Saya pernah punya teman yang walau sering ribut, tapi selalu minta maaf duluan. Awalnya saya heran, tapi dia bilang, "Kalau aku nunggu kamu duluan, kita nggak akan pernah baikan." Dan kalimat itu nancep banget di kepala saya.

Dari situ saya sadar, dalam pertemanan, yang paling berani bukan yang paling keras suaranya, tapi yang paling tulus hatinya.

Karena pada akhirnya, sahabat sejati bukan dicari, tapi dibentuk — lewat waktu, kesabaran, dan banyak pengertian.

6. Penutup: Teman Sejati Nggak Butuh Janji, Cukup Bukti

Sekarang, kalau ditanya apa arti sahabat sejati, saya bakal jawab: mereka yang tetap ada bahkan ketika dunia nggak seindah dulu. Mereka yang nggak cuma hadir pas kita senang, tapi juga di saat kita jatuh.

Sahabat sejati bukan yang paling sering kita temui, tapi yang paling kita rindukan tanpa alasan. Mereka mungkin nggak selalu kasih solusi, tapi cukup duduk dan dengerin tanpa menghakimi.

Saya percaya, setiap orang pasti punya satu atau dua teman sejati di hidupnya. Kadang kita nggak sadar siapa mereka sampai waktu memisahkan. Tapi kalau udah ketemu, jangan sia-siakan. Rawat hubungan itu kayak kamu ngerawat diri sendiri.

Persahabatan itu bukan tentang seberapa lama kita kenal, tapi seberapa tulus kita bisa saling jaga. Dunia boleh berubah, tapi hubungan yang dibangun dengan hati akan selalu punya tempat buat pulang.

Jadi kalau kamu punya sahabat yang masih setia dengerin keluh kesahmu sampai sekarang, kirim pesan kecil hari ini.

Bilang aja: "Makasih udah tetap ada." Kadang kata sederhana itu bisa lebih bermakna daripada seribu pelukan.

Karena di dunia yang serba cepat ini, sahabat sejati adalah hal langka — dan kalau kamu punya satu aja, itu udah cukup buat bikin hidup lebih hangat.

Bab IX – Remaja dan Musik: Teman Setia di Setiap Suasana

1. Musik Itu Kayak Nafas Buat Anak Muda

Buat banyak remaja, musik udah jadi bagian dari hidup yang nggak bisa dipisahin. Dari bangun tidur sampai mau tidur lagi, pasti ada aja lagu yang nemenin. Entah itu dari Spotify, YouTube, atau sekadar potongan lagu viral di TikTok, musik udah jadi latar kehidupan yang terus muter tanpa henti.

Saya kadang ngerasa aneh kalau seharian nggak dengerin musik. Ada rasa hampa, kayak ada yang hilang. Soalnya musik itu bisa jadi penyambung antara perasaan dan dunia luar. Kadang kita nggak bisa ngomong langsung apa yang dirasa, tapi lagu bisa ngelakuin itu buat kita.

Musik juga punya kekuatan yang nggak main-main. Lagu bahagia bisa bikin suasana hati cerah seketika, sementara lagu galau bisa bikin kita mikir panjang tentang hidup. Nggak heran kalau banyak orang bilang playlist seseorang bisa ngungkapin siapa dirinya.

Saya pernah nemuin lagu lama yang tiba-tiba bikin flashback ke masa SMP. Padahal cuma lagu, tapi rasanya kayak ditarik balik ke masa itu — ke ruang kelas, ke teman-teman, ke momen kecil yang dulu dianggap biasa tapi sekarang terasa mahal banget.

Dan mungkin, itulah kenapa musik nggak pernah mati. Karena selama manusia masih punya perasaan, musik bakal terus punya tempat.

Musik bukan cuma hiburan, tapi cara kita untuk tetap waras di dunia yang kadang terlalu bising buat dipahami.

2. Musik Sebagai Cermin Perasaan

Setiap orang punya lagu yang jadi "cerminan dirinya." Lagu yang bisa mewakili isi hati tanpa perlu dijelasin panjang lebar. Kadang, kita nggak tahu kenapa suka lagu itu, tapi rasanya nyambung banget sama keadaan.

Saya pernah denger satu lagu mellow pas lagi patah hati (iya, anak laki-laki juga bisa galau). Liriknya sederhana, tapi tiap kata kayak nyentuh langsung ke dada. Dari situ saya sadar, musik bisa nyembuhin luka yang bahkan kata-kata manusia nggak bisa.

Tapi musik juga bisa jadi penyemangat luar biasa. Ada hari-hari di mana saya ngerasa nggak semangat sekolah, terus tiba-tiba lagu rap yang energik bisa ngebangkitin mood. Lagu itu kayak bilang, "Ayo, lo masih bisa jalan."

Banyak teman saya juga punya lagu andalan masing-masing. Ada yang suka musik religi buat nenangin hati, ada yang suka K-pop buat nambah semangat, dan ada juga yang dengerin instrumental biar bisa fokus belajar. Musik memang kayak cermin — setiap orang lihat pantulan dirinya di genre yang berbeda.

Kadang saya suka mikir, gimana kalau hidup ini punya soundtrack sendiri? Setiap momen punya lagunya masing-masing. Lagu pas kita jatuh, lagu pas kita bangkit, lagu pas kita ngerasa dunia ngelawan.

Dan mungkin, itu yang bikin musik terasa personal banget. Karena di balik setiap lagu yang kita suka, ada cerita yang cuma kita sendiri yang ngerti.

3. Genre Itu Nggak Penting, yang Penting Nyentuh

Ada orang yang suka pop, ada yang suka rock, ada juga yang cinta banget sama jazz atau musik indie. Tapi buat saya, genre itu cuma label. Yang paling penting dari musik bukan jenisnya, tapi rasanya.

Saya bisa dengerin lagu dangdut dan lagu R&B di hari yang sama, dan dua-duanya tetap bisa bikin saya bahagia. Karena yang dicari dari musik bukan gaya, tapi makna. Kadang lagu sederhana malah bisa lebih ngena daripada musik rumit dengan aransemen luar biasa.

Teman saya ada yang sering diejek karena suka lagu-lagu lawas. Tapi dia santai aja, katanya, "Musik itu kayak makanan. Selama enak di telinga, ngapain mikir pendapat orang?" Dan saya setuju banget sama itu.

Musik nggak punya batas umur, bahasa, atau negara. Bahkan lagu yang nggak kita ngerti bahasanya pun bisa bikin nangis. Karena ternyata, musik nggak butuh diterjemahkan — dia langsung bicara ke hati.

Saya pernah denger lagu Jepang tanpa ngerti satu kata pun, tapi melodinya bisa bikin dada hangat. Mungkin itu yang disebut universal language. Musik adalah bahasa yang bisa dimengerti siapa aja, dari mana aja.

Dan buat anak muda, musik jadi cara paling sederhana buat bilang, "Aku hidup. Aku merasa."

4. Musik dan Dunia Digital: Dari Playlist ke Viral

Sekarang, dunia musik udah berubah total. Kalau dulu orang beli kaset atau CD, sekarang cukup buka Spotify atau YouTube. Bahkan satu potongan lagu bisa viral cuma karena jadi backsound video TikTok.

Saya inget banget waktu lagu "Happier" Ed Sheeran viral di TikTok. Semua orang kayak punya kenangan masing-masing dengan lagu itu. Ada yang pakai buat video lucu, ada juga yang pakai buat video sedih. Dan ajaibnya, satu lagu bisa punya seribu makna tergantung siapa yang denger.

Anak muda zaman sekarang juga lebih bebas berekspresi lewat musik. Ada yang bikin cover di YouTube, ada yang bikin remix di SoundCloud, bahkan ada yang bikin lagu sendiri cuma modal HP. Dunia digital bikin musik lebih demokratis — semua orang bisa bikin dan nikmatin musik tanpa batas.

Saya juga pernah coba bikin playlist sendiri di Spotify, dan lucunya, playlist itu kayak diary. Setiap kali saya dengar ulang, saya tahu persis saya lagi di fase apa waktu bikin daftar lagu itu.

Tapi di sisi lain, dunia digital juga bikin musik jadi cepat banget berubah. Lagu baru datang tiap hari, dan lagu lama bisa hilang dari tren dalam seminggu. Tapi meski begitu, musik tetap punya satu hal yang nggak bisa diganti: kenangan.

Karena meskipun dunia terus berubah, lagu yang pernah nyentuh hati kita nggak akan pernah kedaluwarsa.

5. Musik Sebagai Ruang Healing

Buat saya, musik itu lebih dari sekadar hiburan — dia penyelamat kecil di hari-hari berat. Waktu pikiran lagi penuh, tugas sekolah numpuk, atau ngerasa gagal, musik bisa jadi tempat paling aman buat istirahat.

Saya sering banget dengerin lagu pas hujan turun. Bukan karena romantis, tapi karena tenang. Ada sesuatu dari kombinasi antara suara air dan melodi yang bikin dunia terasa lebih pelan, lebih bisa diatur.

Banyak teman saya juga punya kebiasaan serupa. Ada yang pasang earphone di bus cuma buat ngelamun sambil liat jendela. Katanya, "Musik bikin aku nggak ngerasa sendirian." Dan saya ngerti banget maksudnya.

Kadang, musik nggak perlu dijelasin. Kita cuma perlu denger, dan biarin dia nyembuhin dengan caranya sendiri. Ada lagu yang bikin nangis, tapi setelah itu entah kenapa kita ngerasa lebih ringan.

Musik ngajarin kita buat jujur sama diri sendiri. Nggak apa-apa sedih, nggak apa-apa capek, selama kita masih punya cara buat meluapkan perasaan itu.

Dan buat saya, musik adalah doa tanpa kata. Karena setiap kali saya denger lagu yang tepat di waktu yang tepat, rasanya kayak Tuhan lagi ngomong lewat nada.

6. Penutup: Musik Akan Selalu Ada

Remaja dan musik itu nggak bisa dipisahin. Mereka tumbuh bareng, saling ngisi, saling ngerti. Buat generasi sekarang, musik bukan cuma hiburan, tapi juga identitas. Dari playlist yang dipilih, dari lirik yang disukai, dari konser yang ditunggu, semuanya jadi bagian dari perjalanan hidup.

Saya percaya, di setiap langkah hidup, kita bakal selalu punya satu lagu yang jadi teman. Lagu yang bikin kita inget siapa diri kita, dan kenapa kita masih terus jalan.

Musik itu nggak pernah menilai. Dia nggak peduli kamu kaya atau miskin, populer atau nggak. Selama kamu masih punya perasaan, musik bakal nemuin jalan buat masuk ke hidupmu.

Dan nanti, pas kita udah dewasa dan sibuk dengan hidup masing-masing, mungkin kita bakal denger lagu lama di radio dan tiba-tiba senyum. Karena ternyata, musik bukan cuma tentang nada, tapi tentang waktu yang kita pernah lewati.

Saya percaya, setiap lagu punya kekuatan buat ngembalikan kenangan, menyembuhkan luka, bahkan bikin kita semangat lagi.

Jadi, apapun yang kamu hadapi hari ini — buka playlist favoritmu, tekan tombol play, dan biarkan musik bekerja. Karena kadang, satu lagu bisa lebih jujur daripada seribu kata.

Bab X – Guru Zaman Now: Lebih dari Sekadar Pengajar

1. Guru Itu Nggak Cuma Ngajar, Tapi Ngarah

Kalau dulu guru dikenal sebagai "orang yang ngasih pelajaran," sekarang peran itu udah jauh berkembang. Guru zaman sekarang nggak cuma ngajar, tapi juga jadi penuntun arah buat murid-muridnya. Mereka bukan sekadar penyampai materi, tapi juga orang yang ngajarin gimana caranya jadi manusia.

Saya sering lihat guru yang bukan cuma ngomongin nilai di kelas, tapi juga ngomongin kehidupan. Kayak gimana caranya bangkit setelah gagal, gimana caranya jujur sama diri sendiri, atau gimana menghadapi dunia yang makin kompleks. Itu hal-hal yang nggak ada di buku, tapi justru paling nempel di kepala.

Banyak anak muda sekarang yang bingung mau jadi apa, dan di momen itu, guru sering jadi kompas. Mereka bantu kita nemuin arah, bukan dengan jawaban instan, tapi lewat obrolan sederhana yang kadang justru ngena di hati.

Saya masih ingat satu guru bilang, "Hidup itu bukan soal siapa yang paling cepat, tapi siapa yang paling kuat bertahan." Kalimat itu sederhana, tapi tiap kali saya ngerasa stuck, kata-kata itu kayak muncul lagi di kepala.

Guru zaman sekarang harus berhadapan dengan dunia digital, media sosial, dan tekanan modern. Tapi mereka tetap berusaha hadir — bukan cuma di kelas, tapi juga di hati para siswanya.

Dan kalau dipikir-pikir, mungkin guru adalah satu-satunya orang yang terus berharap muridnya melampaui dirinya. Itu bukti ketulusan yang nggak semua profesi punya.

2. Guru Sebagai Mentor Hidup

Banyak orang pikir tugas guru selesai begitu bel pulang berbunyi. Padahal, buat banyak murid, guru adalah mentor hidup yang beneran berpengaruh. Kadang, satu nasihat kecil bisa jadi turning point dalam hidup seorang siswa.

Saya pernah ngalamin masa-masa sulit di sekolah — nilai turun, semangat belajar hilang, dan merasa semua orang lebih baik dari saya. Tapi waktu itu, ada satu guru yang nggak nyalahin, malah bilang, "Kamu nggak gagal, kamu cuma butuh waktu buat ngerti diri sendiri." Dan entah kenapa, kalimat itu bisa bikin semangat saya balik lagi.

Guru yang baik tahu kapan harus tegas dan kapan harus jadi teman. Mereka bisa dengerin keluh kesah tanpa nge-judge, tapi juga tahu kapan harus mendorong murid buat nggak nyerah.

Kadang, hal sekecil "Kamu bisa kok" bisa punya dampak besar banget buat siswa yang lagi kehilangan arah. Guru yang tulus tahu kekuatan kata-kata — bukan buat menakut-nakuti, tapi buat menyalakan api kecil di hati muridnya.

Saya rasa, di dunia yang sekarang serba cepat dan kompetitif, sosok guru yang mau jadi mentor itu penting banget. Mereka ngajarin bukan cuma rumus, tapi juga keberanian buat terus mencoba.

Dan yang keren, guru zaman sekarang nggak cuma ngomong dari podium, tapi juga turun ke lapangan — jadi pendengar, pembimbing, bahkan penyemangat yang nggak pernah minta imbalan.

3. Guru Inspiratif yang Bikin Belajar Jadi Menyenangkan

Kita semua pasti punya guru yang bikin kelas terasa hidup. Yang ngajar bukan kayak robot baca buku, tapi kayak sahabat yang ngerti cara ngomong sama anak muda. Guru inspiratif itu bukan cuma bikin murid paham, tapi juga bikin mereka jatuh cinta sama proses belajar.

Saya pernah punya guru sejarah yang luar biasa. Setiap kali dia cerita, suasana kelas berubah jadi kayak film. Dia nggak cuma nyeritain tanggal dan perang, tapi juga makna di baliknya. Dari situ, saya belajar bahwa belajar itu bukan soal hafal, tapi soal paham dan merasa.

Guru inspiratif juga tahu gimana ngasih ruang buat murid berkembang. Mereka nggak nuntut semua harus pintar di bidang yang sama, tapi ngajak kita buat nemuin kekuatan masing-masing.

Bahkan guru matematika yang sabar bisa jadi inspirasi. Dia nggak marah waktu kita salah, tapi ngajarin bahwa kesalahan itu bagian dari proses. Dari situ, saya belajar bahwa belajar bukan soal benar atau salah, tapi soal berani mencoba.

Guru inspiratif juga ngerti dunia murid-muridnya. Mereka tahu kita hidup di era TikTok dan YouTube, jadi mereka nggak maksa pakai cara lama terus. Mereka adaptif, kreatif, dan tahu gimana bikin pelajaran terasa relevan.

Dan yang paling penting, guru inspiratif nggak cuma ngajar di kepala, tapi juga di hati. Mereka bikin kita sadar kalau ilmu itu bukan beban, tapi cahaya yang bisa bikin hidup lebih berarti.

4. Guru Juga Manusia

Kadang kita lupa, guru juga manusia. Mereka bisa capek, bisa sedih, bahkan bisa ngerasa gagal. Tapi meski begitu, mereka tetap berdiri di depan kelas setiap hari dengan senyum dan semangat yang sama.

Saya pernah lihat guru tetap ngajar meski suaranya serak karena sakit. Ada juga yang datang ke sekolah padahal lagi punya masalah pribadi. Tapi mereka tetap berusaha profesional, seolah nggak ada apa-apa. Dan itu bikin saya mikir: betapa besar pengorbanan yang mereka lakuin demi pendidikan.

Guru nggak cuma kerja dari jam tujuh sampai dua. Banyak dari mereka yang masih begadang buat nyiapin bahan ajar, koreksi tugas, atau bantu murid yang kesulitan. Tapi sering kali, semua itu nggak kelihatan.

Mungkin kita jarang bilang "terima kasih," tapi mereka nggak pernah berhenti ngasih yang terbaik. Kadang cuma satu senyum murid yang paham pelajaran aja udah cukup buat mereka bahagia.

Saya rasa, udah saatnya kita lebih menghargai guru bukan cuma pas Hari Guru Nasional. Karena tanpa mereka, kita nggak akan tahu gimana caranya bermimpi dan memperjuangkan sesuatu.

Dan buat guru-guru yang mungkin ngerasa lelah, percayalah: setiap ilmu yang kalian bagikan akan terus hidup lewat murid-murid kalian — bahkan setelah kalian nggak lagi berdiri di depan kelas.

5. Hubungan Guru dan Murid di Era Digital

Sekarang zaman udah berubah. Guru dan murid nggak lagi cuma ketemu di kelas, tapi juga di dunia digital. Ada grup WhatsApp, kelas online, sampai forum belajar yang bisa diakses kapan aja. Tapi perubahan ini juga bawa tantangan baru.

Guru zaman now harus bisa beradaptasi. Mereka nggak cuma dituntut ngerti materi, tapi juga ngerti teknologi. Kadang malah murid yang bantu guru pakai aplikasi belajar — dan itu lucu tapi juga keren, karena dua generasi saling belajar satu sama lain.

Di sisi lain, hubungan guru dan murid juga jadi lebih terbuka. Sekarang, banyak guru yang bisa bercanda di medsos, bikin video edukasi di TikTok, atau nge-share tips belajar di Instagram. Hubungan itu jadi lebih hangat, nggak kaku kayak dulu.

Tapi tetap ada batas yang harus dijaga. Dunia digital bisa bikin kita lupa sopan santun, padahal guru tetap harus dihormati. Beda generasi bukan alasan buat ngelupain etika.

Yang menarik, guru dan murid sekarang kayak tim. Mereka belajar bareng, tumbuh bareng, dan saling support. Guru nggak lagi posisi tertinggi, tapi jadi mitra yang bantu murid berkembang.

Saya percaya, masa depan pendidikan bukan cuma soal teknologi, tapi soal kolaborasi — antara semangat muda murid dan kebijaksanaan guru. Dua-duanya saling butuh, dan dua-duanya bisa bikin perubahan besar.

6. Penutup: Hormatilah Gurumu, Karena Mereka Titik Balik Hidupmu

Di akhir semua cerita, saya cuma pengin bilang satu hal: guru adalah salah satu anugerah terbesar yang sering kita anggap biasa. Mereka nggak selalu sempurna, tapi tanpa mereka, hidup kita pasti beda.

Guru adalah orang pertama yang percaya kita bisa, bahkan saat kita sendiri nggak yakin. Mereka yang ngelihat potensi di balik kesalahan, dan kasih kesempatan kedua saat dunia mungkin udah nyerah.

Saya sering mikir, berapa banyak mimpi yang lahir dari satu kalimat sederhana guru di kelas. Berapa banyak masa depan yang berubah karena satu dorongan kecil dari mereka.

Kalau kamu punya guru yang pernah ngasih pengaruh besar, jangan tunggu momen tertentu buat bilang terima kasih. Kadang, satu pesan singkat bisa jadi hadiah terbaik buat mereka.

Guru zaman now bukan cuma pengajar, tapi juga penyala api kecil di hati muridnya. Dan tugas kita cuma satu — jangan biarin api itu padam.

Karena pada akhirnya, sekolah mungkin berakhir, tapi nilai-nilai dari guru akan terus hidup dalam diri kita. Setiap langkah, setiap keputusan, setiap kebaikan yang kita lakukan — semua berawal dari satu ruang kelas dan satu sosok guru yang percaya bahwa kita bisa.

Bab XI – Islam di Aceh: Identitas, Budaya, dan Kehidupan Sehari-hari

1. Islam Bukan Sekadar Agama, Tapi Identitas

Buat orang Aceh, Islam itu bukan cuma ajaran yang dihafal dari buku, tapi identitas yang hidup di setiap aspek kehidupan. Dari cara berpakaian, cara berbicara, sampai cara berinteraksi dengan orang lain, semua punya sentuhan nilai-nilai Islam. Itulah yang bikin Aceh beda dari daerah lain — karena agama bukan sekadar kepercayaan, tapi juga cara hidup.

Saya sering mikir, kenapa Aceh disebut "Serambi Mekkah"? Setelah lihat dan rasain sendiri, saya baru paham. Karena hampir di setiap langkah, ada semangat keislaman yang terasa nyata. Dari azan subuh yang nyaring di setiap penjuru kota, sampai tradisi kenduri dan doa bersama yang udah jadi bagian dari kehidupan sosial masyarakat.

Islam di Aceh bukan hal yang dipaksakan. Ia hadir seperti udara — alami, menyatu, dan jadi bagian dari keseharian. Bahkan anak-anak kecil pun tumbuh dengan rasa bangga terhadap agamanya.

Yang menarik, nilai-nilai Islam di Aceh itu nggak cuma soal ibadah, tapi juga soal moral dan etika. Orang Aceh diajarin sejak kecil buat hormat sama orang tua, jujur dalam berdagang, dan rendah hati dalam berbicara. Semua itu diajarin bukan lewat teori, tapi lewat contoh sehari-hari.

Dan mungkin, itulah keunikan Islam di Aceh — bukan karena aturan yang keras, tapi karena keyakinan yang sudah tertanam dalam jiwa masyarakatnya. Islam di sini bukan sekadar sistem, tapi budaya yang membentuk karakter orang Aceh.

2. Tradisi dan Budaya yang Bernafas Islami

Kalau kita jalan ke kampung-kampung di Aceh, gampang banget nemuin tradisi yang kental dengan nilai Islam. Mulai dari kenduri, zikir bersama, peusijuk (tepung tawar), sampai perayaan maulid yang meriah di tiap gampong. Semua itu bukan sekadar seremoni, tapi bentuk rasa syukur dan kebersamaan masyarakat.

Saya pernah ikut kenduri maulid di kampung nenek. Suasananya luar biasa — meja panjang penuh makanan, lantunan salawat menggema, dan semua orang tersenyum. Dari situ saya sadar, Islam di Aceh nggak hanya hidup di masjid, tapi juga di meja makan, di antara tawa dan doa.

Seni Aceh juga punya napas keislaman yang kuat. Misalnya, rapa'i dan saman bukan cuma tarian hiburan, tapi sarana dakwah dan penyebaran nilai-nilai kebaikan. Lewat gerakan dan syairnya, masyarakat diajak untuk terus ingat pada Allah.

Bahkan dalam pakaian adat pun, nilai Islam jelas terlihat. Pakaian perempuan Aceh tertutup sopan tapi tetap anggun. Sementara laki-laki memakai kupiah meukeutop, simbol kebanggaan dan kehormatan.

Tradisi Islam di Aceh itu bukan hasil paksaan dari luar, tapi tumbuh dari hati masyarakatnya sendiri. Ia menjadi bagian dari identitas, bukan beban, karena lahir dari kesadaran bahwa hidup tanpa agama itu seperti laut tanpa ombak — ada, tapi hening.

3. Islam dan Kehidupan Sehari-Hari

Kalau mau tahu seberapa kuatnya Islam di Aceh, cukup lihat keseharian masyarakatnya. Dari anak kecil sampai orang tua, hampir semua aktivitas punya hubungan dengan nilai-nilai agama.

Saya sering lihat di warung kopi, sebelum mulai ngobrol panjang, orang-orang Aceh biasanya ucap "Bismillah" dulu. Hal-hal kecil kayak gitu kadang kita anggap biasa, tapi di situlah letak kekuatan Islam di Aceh — hidup dalam hal-hal sederhana yang tulus.

Sekolah-sekolah di Aceh juga menanamkan nilai Islam sejak dini. Nggak cuma belajar agama di kelas, tapi juga lewat kebiasaan: salat berjamaah, baca Al-Qur'an, dan menjaga adab terhadap guru. Semua ini bikin anak muda Aceh tumbuh dengan rasa spiritualitas yang kuat.

Di sisi lain, masyarakat Aceh juga sangat menghormati ulama. Mereka dianggap bukan cuma guru agama, tapi juga penjaga moral masyarakat. Banyak keputusan penting di kampung yang melibatkan tokoh agama, karena mereka dipercaya punya pandangan bijak.

Bahkan dalam dunia kerja pun, nilai Islam tetap jadi pegangan. Banyak orang Aceh yang berusaha jujur dalam bisnisnya, karena takut rezeki yang nggak halal. Bagi mereka, keberkahan lebih penting daripada sekadar keuntungan.

Dan mungkin, itu sebabnya Aceh tetap punya karakter unik — religius tapi hangat, disiplin tapi penuh rasa gotong royong.

4. Anak Muda Aceh dan Tantangan Zaman

Zaman terus berubah, dan generasi muda Aceh juga menghadapi tantangan baru. Dunia digital, media sosial, dan gaya hidup global kadang bikin nilai-nilai lama terasa "ketinggalan." Tapi saya percaya, banyak anak muda Aceh yang tetap berusaha menjaga identitas Islam mereka di tengah perubahan ini.

Saya punya banyak teman yang tetap salat di sekolah meskipun sibuk, atau yang lebih milih nongkrong di warkop sambil diskusi agama daripada sekadar scroll medsos. Buat mereka, Islam bukan batas, tapi arah.

Tantangannya memang berat. Kadang, anak muda yang berpegang teguh pada agama dianggap kolot atau nggak gaul. Tapi justru di situlah ujian sebenarnya — apakah kita bisa tetap berprinsip tanpa kehilangan rasa hormat terhadap orang lain.

Islam di Aceh juga ngajarin kita buat jadi umat yang terbuka. Artinya, menjaga iman bukan berarti menutup diri dari dunia luar, tapi justru belajar bagaimana berinteraksi tanpa kehilangan jati diri.

Saya rasa, anak muda Aceh sekarang sedang berada di masa transisi — antara tradisi dan modernitas. Tapi kalau dua hal itu bisa disatukan dengan bijak, Aceh bisa tetap jadi contoh daerah yang kuat secara spiritual sekaligus maju secara budaya.

Karena Islam sejati bukan yang mengurung, tapi yang membimbing untuk terus berkembang tanpa kehilangan arah.

5. Islam Sebagai Sumber Kekuatan dan Persatuan

Sejarah Aceh menunjukkan bahwa Islam bukan cuma agama, tapi sumber kekuatan dan penyatu masyarakat. Dari masa kerajaan sampai hari ini, nilai Islam selalu jadi fondasi untuk membangun solidaritas dan keteguhan hati orang Aceh.

Dulu, para ulama dan sultan berjuang bahu membahu mempertahankan tanah ini dari penjajah. Mereka bukan hanya berperang dengan senjata, tapi juga dengan ilmu dan keyakinan. Semangat jihad dan cinta tanah air lahir dari pemahaman bahwa mempertahankan kebenaran adalah bagian dari iman.

Nilai itu masih terasa sampai sekarang. Di setiap bencana, di setiap ujian, masyarakat Aceh selalu menunjukkan rasa persaudaraan yang kuat. Semua saling bantu tanpa lihat suku atau status. Karena bagi orang Aceh, tolong-menolong adalah bentuk nyata dari ajaran Islam.

Saya pernah lihat sendiri waktu banjir besar di salah satu daerah. Orang-orang datang dari kampung lain, bawa makanan, bantu bersih-bersih, padahal mereka juga nggak kenal siapa yang ditolong. Itu Islam dalam bentuk paling nyata — bukan teori, tapi aksi.

Aceh memang punya banyak perbedaan di dalamnya, tapi Islam selalu jadi jembatan. Dan selama nilai itu dijaga, Aceh akan tetap jadi daerah yang kuat, damai, dan penuh cahaya spiritual.

Karena sejatinya, Islam bukan hanya tentang salat dan puasa, tapi tentang bagaimana kita memperlakukan sesama dengan kasih sayang dan kejujuran.

6. Penutup: Islam yang Hidup, Bukan Sekadar Dihafal

Bagi saya, keindahan Islam di Aceh bukan cuma karena sejarahnya yang panjang, tapi karena ia masih hidup di hati masyarakat. Islam di sini bukan sekadar teks di kitab, tapi napas dalam kehidupan sehari-hari.

Setiap kali saya dengar lantunan azan di sore hari, lihat orang-orang saling sapa dengan salam, atau lihat anak kecil belajar mengaji di mushalla, saya sadar: inilah yang dimaksud dengan "Serambi Mekkah." Sebuah tempat di mana agama bukan kewajiban, tapi kebanggaan.

Anak muda Aceh punya tanggung jawab besar untuk terus jaga itu. Karena di tengah dunia yang makin cepat dan sibuk, mudah banget kehilangan makna. Tapi kalau Islam tetap jadi dasar, arah hidup nggak akan pernah kabur.

Aceh udah jadi bagian penting dalam sejarah penyebaran Islam di Nusantara. Tapi tanggung jawab kita bukan cuma bangga dengan masa lalu, tapi juga melanjutkannya di masa depan — dengan cara yang bijak, modern, dan tetap berakar pada nilai keislaman.

Buat saya, Islam di Aceh itu seperti cahaya yang nggak pernah padam. Ia bisa redup sesaat karena tantangan zaman, tapi sinarnya akan selalu kembali. Karena selama masih ada orang yang beriman, berbuat baik, dan menjaga kebaikan, cahaya itu nggak akan hilang.

Dan itulah Aceh — tempat di mana Islam bukan sekadar agama, tapi cara hidup yang terus menuntun setiap langkah warganya menuju kebaikan dan kedamaian.

Bab XII – Masuknya Islam ke Aceh: Awal dari Cahaya di Nusantara

1. Aceh: Gerbang Pertama Cahaya Islam

Kalau kita ngomongin sejarah Islam di Indonesia, semua jejaknya pasti balik lagi ke Aceh. Di sinilah cahaya Islam pertama kali menyentuh bumi Nusantara. Bukan lewat pedang atau perang, tapi lewat perdagangan, pergaulan, dan kebaikan. Itulah yang bikin Islam bisa diterima dengan damai oleh masyarakat.

Para sejarawan percaya bahwa Islam masuk ke Aceh sekitar abad ke-7 Masehi, dibawa oleh pedagang dari Arab, Persia, dan Gujarat. Waktu itu, Aceh udah jadi pelabuhan penting di jalur perdagangan dunia. Kapal-kapal dari berbagai negeri singgah di sini buat jual rempah, kain, dan logam mulia. Tapi yang paling berharga dari semua itu justru bukan barang dagangan, melainkan pengetahuan dan iman.

Bayangin, di pelabuhan tua Peureulak dan Pasai, orang-orang dari berbagai bangsa saling tukar cerita. Pedagang Muslim nggak cuma jual barang, tapi juga cerita tentang keyakinan, moral, dan kehidupan. Dari situlah, Islam mulai dikenal dan menyentuh hati masyarakat Aceh.

Yang bikin saya kagum, proses ini berlangsung damai banget. Nggak ada paksaan. Masyarakat Aceh waktu itu menerima Islam karena kagum dengan kejujuran dan akhlak para pedagang. Ini menunjukkan bahwa kekuatan Islam bukan di kekerasan, tapi di keteladanan.

Dan dari Aceh-lah, Islam kemudian menyebar ke seluruh penjuru Nusantara. Jadi bisa dibilang, kalau hari ini Indonesia dikenal sebagai negara dengan populasi Muslim terbesar di dunia, semuanya berawal dari secuil cahaya kecil yang dulu bersinar di ujung barat Sumatra.

Aceh adalah awal dari kisah besar itu — pintu tempat cahaya iman pertama kali masuk dan menyalakan jiwa bangsa.

2. Pedagang yang Juga Dai

Salah satu hal menarik dari penyebaran Islam di Aceh adalah peran besar para pedagang. Mereka bukan cuma pengusaha yang cari untung, tapi juga dai — penyebar kebaikan. Lewat cara berdagang yang jujur, mereka mengajarkan makna Islam tanpa perlu banyak bicara.

Saya sering mikir, gimana caranya orang Aceh waktu itu bisa tertarik sama Islam tanpa ceramah atau khutbah panjang. Jawabannya sederhana: mereka lihat bukti nyata. Mereka lihat pedagang Arab dan India yang jujur dalam jual beli, nggak curang, nggak tipu-tipu, dan selalu sopan dalam berbicara.

Dalam dunia yang keras kayak perdagangan laut waktu itu, kejujuran adalah hal langka. Tapi justru hal sederhana itulah yang bikin orang Aceh percaya. Mereka lihat bahwa Islam bukan cuma agama, tapi cara hidup yang mulia.

Dari interaksi dagang, kemudian muncul hubungan sosial. Banyak pedagang Muslim menikah dengan perempuan lokal, dan dari situ, ajaran Islam makin mengakar dalam kehidupan masyarakat. Dari rumah tangga, dari keluarga, lahir generasi pertama Muslim Aceh.

Saya suka banget membayangkan suasana pelabuhan Peureulak pada masa itu — tempat orang-orang ngobrol tentang dunia, berdagang sambil belajar tentang Tuhan. Sebuah pemandangan di mana agama bukan ditawarkan, tapi dihidupi.

Dari para pedagang yang sederhana itulah, Aceh menemukan arah baru. Mereka datang membawa barang, tapi pergi meninggalkan cahaya.

3. Samudra Pasai: Kerajaan yang Menyalakan Sejarah

Setelah Islam mulai dikenal luas, lahirlah kerajaan besar yang menjadi simbol kebangkitan Islam di Nusantara: Samudra Pasai. Didirikan sekitar abad ke-13, kerajaan ini dipimpin oleh Sultan Malik As-Saleh, yang dikenal sebagai raja Muslim pertama di kepulauan ini.

Samudra Pasai bukan cuma pusat pemerintahan, tapi juga pusat ilmu dan perdagangan. Kapal-kapal dari Gujarat, Cina, dan Arab silih berganti datang ke pelabuhannya. Di sana, orang-orang dari berbagai bangsa saling bertemu — membawa budaya, ide, dan keyakinan.

Yang menarik, mata uang Pasai (dirham emas) punya tulisan Arab. Itu tanda bahwa Islam udah bukan cuma keyakinan pribadi, tapi juga jadi sistem ekonomi dan politik. Bayangin, pada masa itu, Aceh udah punya sistem pemerintahan modern berbasis nilai-nilai Islam.

Sultan Malik As-Saleh dikenal sebagai pemimpin yang adil dan alim. Ia bukan hanya raja, tapi juga pelindung ilmu pengetahuan dan agama. Di bawah kepemimpinannya, Aceh jadi mercusuar keislaman yang bersinar ke seluruh Asia Tenggara.

Banyak ulama dan pelajar dari berbagai negeri datang belajar ke Samudra Pasai. Mereka membawa pulang ilmu, dan sekaligus membawa semangat Islam Aceh ke tanah mereka masing-masing.

Kalau dipikir, Samudra Pasai itu bukan cuma kerajaan, tapi juga gerakan peradaban. Ia adalah tempat di mana Islam, ilmu, dan kemanusiaan berjalan beriringan.

4. Aceh Jadi Pusat Ilmu dan Dakwah

Setelah masa Samudra Pasai, muncul Kerajaan Aceh Darussalam di bawah kepemimpinan Sultan Iskandar Muda (1607–1636). Masa ini sering disebut masa keemasan Aceh. Selain kuat secara militer, Aceh juga terkenal sebagai pusat ilmu pengetahuan Islam di kawasan Asia Tenggara.

Banyak ulama besar lahir di masa itu, seperti Hamzah Fansuri, Syamsuddin as-Sumatrani, dan Nuruddin ar-Raniri. Mereka bukan cuma ulama, tapi juga penulis, filsuf, dan sufi besar yang dikenal sampai ke Timur Tengah.

Karya-karya mereka membahas tasawuf, filsafat, dan teologi Islam dalam bahasa Melayu — bahasa yang kemudian jadi jembatan penyebaran Islam ke seluruh kepulauan. Jadi bisa dibilang, para ulama Aceh-lah yang membentuk bahasa keislaman Nusantara.

Yang keren, Sultan Iskandar Muda nggak cuma mendukung ulama, tapi juga membangun infrastruktur pendidikan. Ada dayah (pesantren) besar tempat para santri belajar agama, logika, dan politik. Semangat belajar itu masih terasa sampai sekarang.

Saya kadang ngerasa bangga banget ketika sadar bahwa di masa lalu, Aceh bukan cuma dikenal karena perang, tapi juga karena pengetahuan. Para ulama Aceh jadi jembatan antara dunia Arab dan dunia Melayu.

Dan mungkin, itulah alasan kenapa Aceh masih disebut Serambi Mekkah — karena dari sinilah ilmu dan cahaya Islam terus mengalir ke seluruh Nusantara.

5. Pengaruh Islam dalam Budaya Aceh

Masuknya Islam bener-bener ngubah wajah Aceh, tapi bukan dengan menghapus budaya lama — justru menyatu dengannya. Itulah yang bikin budaya Aceh punya karakter unik: Islam yang berakar, tapi tetap terbuka.

Coba lihat upacara peusijuk, meugang, atau kenduri laut — semuanya punya nilai Islam, tapi juga tradisi lokal. Orang Aceh nggak pernah memisahkan antara adat dan agama, karena bagi mereka, dua-duanya saling melengkapi.

Dalam kehidupan sehari-hari pun, nilai-nilai Islam terasa banget. Misalnya, kebiasaan menyapa dengan salam, berbagi makanan dengan tetangga, atau gotong royong membangun rumah. Semua itu adalah bentuk nyata dari ajaran Islam tentang kebersamaan.

Bahkan dalam seni dan musik pun, unsur Islam terasa kuat. Tarian saman, zikir bersama, dan rapa'i bukan sekadar hiburan, tapi sarana spiritual yang bikin masyarakat Aceh merasa lebih dekat dengan Tuhan.

Islam nggak menghapus jati diri Aceh — ia justru memperkaya dan memberi arah. Tradisi yang tadinya hanya budaya, berubah jadi ibadah. Nilai yang tadinya lokal, jadi universal.

Dan itulah keindahan Islam di Aceh: dia hidup di antara adat, tumbuh di hati masyarakat, dan terus menyala lewat generasi muda.

6. Penutup: Aceh dan Warisan Cahaya

Kalau hari ini kita bangga Indonesia dikenal sebagai negara Muslim terbesar di dunia, kita harus ingat: semuanya dimulai dari Aceh. Dari pelabuhan kecil, dari pedagang jujur, dari keluarga yang belajar tentang iman dengan damai.

Aceh bukan cuma tempat lahirnya Islam di Nusantara, tapi juga tempat di mana nilai-nilai Islam dibentuk dengan cinta, bukan kekerasan. Dari sini, cahaya itu menyebar ke seluruh negeri, menerangi jalan bagi bangsa yang besar.

Bagi saya pribadi, sejarah ini bukan cuma cerita masa lalu, tapi panggilan buat masa depan. Anak muda Aceh harus bisa terus bawa semangat itu — semangat untuk jadi jujur, berilmu, dan penuh kasih, kayak para leluhur kita dulu.

Karena Islam di Aceh nggak cuma jadi identitas, tapi juga arah hidup. Ia membimbing kita supaya nggak lupa darimana kita datang, dan ke mana kita akan melangkah.

Dan seperti kata pepatah Aceh: *"Adat bak Po Teumeureuhom, hukom bak Syiah Kuala."* Artinya, adat dan agama adalah dua sisi yang tak terpisahkan — seperti cahaya dan bayangan.

Selama nilai itu terus dijaga, Aceh akan selalu jadi tempat di mana cahaya Islam tak pernah padam. Dari sinilah, Nusantara dulu disinari. Dan dari sinilah, cahaya itu akan terus bersinar untuk generasi yang akan datang.

Bab XIII – Dunia Malam di Peunayong Banda Aceh: Hidup Setelah Senja

1. Peunayong: Denyut Malam di Jantung Banda Aceh

Buat yang pernah jalan-jalan ke Banda Aceh malam hari, pasti tahu kalau suasana kota ini nggak pernah benar-benar mati. Salah satu tempat yang paling terasa "hidup" setelah senja adalah Peunayong. Di siang hari, kawasan ini dikenal sebagai pusat perdagangan dan pasar ikan. Tapi begitu matahari tenggelam, Peunayong berubah wajah — jadi tempat di mana tawa, aroma masakan, dan lampu jalanan bercampur jadi satu cerita.

Saya pernah duduk di salah satu warung tenda di pinggir jalan Peunayong, sambil lihat orang-orang berlalu-lalang. Ada tukang sate yang sibuk kipas arang, ada wisatawan yang foto-foto, dan ada anak muda yang nongkrong sambil ngopi. Di situ, saya ngerasa Peunayong bukan sekadar tempat, tapi suasana.

Yang unik dari Peunayong adalah cara dia menghidupkan malam Banda Aceh tanpa perlu gemerlap lampu atau musik keras. Suasananya sederhana, tapi hangat. Bukan tentang pesta, tapi tentang kebersamaan dan rasa hidup yang nggak pernah padam.

Buat sebagian orang, malam di Banda Aceh mungkin terlihat tenang. Tapi kalau kamu datang ke Peunayong, kamu bakal tahu kalau di balik ketenangan itu, ada denyut kehidupan yang terus berdetak — pelan, tapi nyata.

Dan di situ letak pesonanya. Peunayong bukan cuma pasar tua, tapi saksi bagaimana Banda Aceh menyalakan hidupnya dengan cara yang khas — lewat tawa, kopi, dan cerita-cerita kecil yang kadang cuma bisa kamu temukan di sini.

2. Kuliner Malam: Aroma, Cerita, dan Kebersamaan

Kalau ngomongin dunia malam Peunayong, nggak bisa lepas dari satu hal: kuliner. Setiap sudutnya punya aroma yang bikin perut langsung lapar. Ada sate matang yang gurih, mie Aceh yang pedasnya pas, dan kopi hitam yang aromanya tajam tapi menenangkan.

Saya pernah datang ke sana sekitar jam sembilan malam. Warung masih rame, padahal kebanyakan tempat lain udah tutup. Ada bapak-bapak ngobrolin bola, anak muda ngerjain tugas kuliah sambil ngopi, dan keluarga yang datang cuma buat makan bareng. Di situ, semua orang kayak punya tempatnya masing-masing.

Yang menarik, kuliner di Peunayong bukan cuma soal rasa, tapi juga soal cerita. Banyak pedagang yang udah jualan turun-temurun, dan setiap hidangan punya kisah sendiri. Ada yang jual mie Aceh resep warisan keluarga, ada juga yang jual martabak sambil cerita tentang masa kecil di kampung.

Makan di Peunayong juga bukan sekadar ngisi perut, tapi ritual sosial. Orang datang bukan cuma karena lapar, tapi karena butuh suasana. Butuh ngobrol, butuh ketawa, butuh jeda dari rutinitas.

Dan yang paling saya suka, suasana malam di sana nggak pernah terasa asing. Entah kamu orang lokal atau pendatang, begitu duduk di warung tenda sambil pesan kopi, kamu langsung diterima — kayak udah jadi bagian dari kota ini sejak lama.

3. Jejak Tionghoa: Sejarah yang Masih Hidup

Nggak banyak yang tahu kalau Peunayong adalah salah satu kawasan tertua di Banda Aceh. Dari dulu, tempat ini udah jadi pusat perdagangan dan pemukiman orang-orang Tionghoa. Itulah kenapa arsitektur bangunannya punya gaya khas — campuran antara rumah toko kolonial dan desain oriental.

Kalau kamu jalan ke gang-gang kecilnya, kamu masih bisa lihat bangunan tua dengan papan nama berhuruf Mandarin, jendela kayu besar, dan atap yang melengkung indah. Walau sebagian udah direnovasi, aura sejarahnya masih kuat banget.

Yang menarik, hubungan antara masyarakat Tionghoa dan orang Aceh udah terjalin lama. Mereka hidup berdampingan, saling menghargai, dan saling membantu. Di pasar, di warung kopi, di kegiatan sosial — mereka bagian dari satu kehidupan kota yang sama.

Saat Imlek, suasana Peunayong jadi lebih berwarna. Lampion merah menggantung di atas jalan, aroma dupa bercampur dengan wangi masakan, dan semua orang ikut merayakan. Bukan cuma etnis Tionghoa yang senang, tapi juga warga sekitar yang ngerasa ini bagian dari kebersamaan.

Bagi saya, Peunayong adalah bukti nyata kalau keberagaman itu bisa hidup harmonis tanpa kehilangan identitas. Islam, Tionghoa, dan Aceh bukan hal yang harus dipisahkan — justru di sinilah semuanya menyatu jadi warna khas Banda Aceh.

4. Peunayong Sebagai Ruang Sosial Anak Muda

Anak muda Banda Aceh punya cara sendiri buat menikmati malam, dan salah satu tempat yang paling sering mereka datangi adalah Peunayong. Di sini, nggak ada mall besar atau bioskop, tapi ada sesuatu yang lebih jujur: suasana kebersamaan yang nggak dibuat-buat.

Saya sering lihat anak SMA nongkrong di tenda kopi sambil bahas tugas, debat bola, atau sekadar curhat soal hidup. Ada juga yang datang buat foto-foto street vibe, karena Peunayong memang punya nuansa visual yang "vintage tapi hidup."

Yang menarik, di tengah aturan sosial Aceh yang religius, anak muda tetap bisa nemuin ruang untuk berekspresi — dan Peunayong jadi salah satu tempat itu. Di sini, mereka belajar berinteraksi, berdiskusi, dan memahami realitas sosial lewat obrolan ringan.

Nggak jarang, Peunayong juga jadi tempat pertama anak muda ngerasain "kebebasan" kecil — duduk sampai larut malam, dengerin musik jalanan, atau sekadar menikmati kopi tanpa mikirin sekolah besok.

Bagi saya, Peunayong itu kayak ruang transisi antara masa muda dan kedewasaan. Tempat di mana anak muda belajar tentang hidup — bukan lewat buku, tapi lewat suasana dan interaksi.

Dan anehnya, di tengah kesederhanaannya, Peunayong justru punya energi yang bikin siapa pun pengin balik lagi.

5. Antara Romantika dan Realitas

Tapi, dunia malam di Peunayong juga punya sisi lain. Di balik tawa dan aroma kuliner, ada juga bayangan gelap kehidupan kota — orang-orang yang masih berjuang, pedagang kecil yang bertahan hidup, atau mereka yang sekadar mencari rezeki di tengah kesulitan.

Saya pernah ngobrol dengan seorang pedagang sate yang bilang, "Kadang malam lebih jujur dari siang." Maksudnya, di malam hari semua orang lepas dari topengnya. Orang kaya, orang sederhana, pekerja, mahasiswa — semua ketemu di tempat yang sama, tanpa jarak sosial.

Malam juga sering jadi saksi bisu banyak hal. Ada yang datang karena bahagia, tapi ada juga yang datang buat lari dari kesepian. Peunayong, dalam banyak cara, menampung semua itu tanpa menghakimi.

Dan di situlah daya tariknya. Di tengah kota yang religius dan tenang, Peunayong tetap punya ruang untuk menampung semua cerita manusia — yang berjuang, yang bermimpi, dan yang sekadar ingin hidup tenang.

Jadi, dunia malam di Peunayong bukan tentang glamor atau kebebasan tanpa batas. Ia lebih seperti cermin —

memperlihatkan kehidupan apa adanya, dengan segala keindahan dan kepedihannya.

6. Penutup: Peunayong, Malam, dan Makna Kehidupan

Setiap kota punya jantung malamnya, dan buat Banda Aceh, jantung itu bernama Peunayong. Ia hidup bukan karena lampu neon, tapi karena manusia-manusia di dalamnya — para pedagang, pelanggan, dan anak muda yang menghidupkan suasana.

Buat saya, Peunayong itu semacam "cerita kecil tentang kehidupan." Di sana, kamu bisa lihat bagaimana orang saling berbagi, tertawa, berjuang, bahkan berdiam. Semua berjalan dalam harmoni yang sederhana tapi bermakna.

Peunayong ngajarin satu hal penting: bahwa kehidupan nggak selalu harus megah untuk terasa indah. Kadang, kebahagiaan justru datang dari tempat yang sederhana — dari secangkir kopi, dari obrolan hangat, dari suasana malam yang penuh cerita.

Malam di Peunayong adalah bentuk lain dari spiritualitas orang Aceh — bukan di masjid, tapi di jalanan, di antara manusia, di dalam tawa dan aroma makanan. Di situlah esensi hidup terasa nyata.

Dan mungkin, Peunayong adalah cara Banda Aceh bilang pada dunia: "Kami religius, tapi juga manusiawi."

Di antara azan dan kopi, antara sejarah dan masa kini, Peunayong berdiri sebagai simbol keseimbangan hidup Aceh — tenang tapi berdenyut.

Bab XIV – Keberagaman di Aceh: Harmoni di Ujung Barat Nusantara

1. Aceh: Rumah bagi Banyak Warna

Aceh sering dikenal lewat identitasnya sebagai "Serambi Mekkah," tapi di balik julukan itu, ada satu hal lain yang nggak kalah menarik: keberagamannya. Mungkin banyak yang ngira Aceh itu seragam karena Islamnya yang kuat, tapi kalau kita lihat lebih dalam, Aceh justru kaya warna. Di sini hidup berbagai suku, budaya, dan sejarah yang saling melengkapi, bukan meniadakan.

Saya pernah jalan-jalan ke daerah Gayo, dan rasanya kayak masuk ke dunia lain. Udara sejuk, bahasanya berbeda, tapi tetap Aceh banget. Dari sana saya sadar, jadi orang Aceh bukan soal di mana kita lahir, tapi soal semangat yang sama — semangat menjaga tanah ini dengan adat dan iman.

Ada Gayo dengan musik dan tariannya yang khas, Aneuk Jamee di pantai barat, Tamiang di perbatasan timur, sampai Lamno yang katanya punya campuran darah Eropa dari masa lalu. Semua itu membentuk mozaik besar yang disebut "Aceh."

Yang menarik, tiap suku di Aceh punya keunikan sendiri. Ada perbedaan bahasa, makanan, sampai gaya hidup. Tapi semuanya tetap saling terhubung lewat satu hal: nilai kekeluargaan. Beda logat nggak masalah, karena yang penting tetap saling hormat dan jaga hubungan baik.

Dan saya rasa, itu yang bikin Aceh tetap kuat sampai sekarang. Karena meskipun berbeda, orang Aceh punya kesamaan dalam rasa — rasa cinta terhadap tanahnya, rasa bangga terhadap adatnya, dan rasa hormat terhadap agamanya.

2. Suku-Suku yang Mewarnai Aceh

Kalau ditanya berapa suku di Aceh, jawabannya: banyak banget. Selain suku Aceh sendiri, ada Gayo, Alas, Singkil, Tamiang, dan Aneuk Jamee. Masing-masing punya cerita sejarah panjang, dan semuanya berkontribusi membentuk wajah Aceh hari ini.

Suku Gayo misalnya, terkenal dengan budaya kerja keras dan musik tradisionalnya yang halus tapi dalam maknanya. Lagu-lagu Gayo bukan cuma hiburan, tapi juga sarana nasihat. Sementara itu, suku Alas punya tradisi adat yang masih kuat, seperti upacara pernikahan dengan iringan musik rebana dan pantun khas daerah mereka.

Di pantai barat, ada Aneuk Jamee — keturunan Minangkabau yang udah lama menetap di Aceh Selatan dan Barat Daya. Bahasa mereka campuran antara Aceh dan Minang, dan makanannya juga unik, gabungan dua cita rasa yang bikin lidah ketagihan.

Di timur, ada suku Tamiang yang banyak terpengaruh budaya Melayu. Mereka dikenal ramah dan punya adat yang menjunjung tinggi kesopanan. Lalu di pesisir barat, ada Lamno yang punya kisah menarik: sebagian warganya punya mata biru dan rambut kecokelatan karena campuran darah Portugis dari abad ke-16.

Setiap suku ini ibarat warna di kanvas besar bernama Aceh. Tanpa satu pun dari mereka, lukisan itu nggak akan lengkap.

3. Sejarah yang Menyatukan

Sejak dulu, Aceh udah jadi tempat pertemuan banyak bangsa. Letaknya yang strategis di ujung barat Sumatra bikin Aceh jadi pelabuhan penting dalam jalur perdagangan internasional. Pedagang dari Arab, India, Persia, dan Tiongkok pernah singgah di sini, membawa barang dagangan sekaligus budaya mereka.

Bayangin, di masa itu, Peureulak dan Pasai udah ramai dengan bahasa asing dan percampuran adat. Tapi hebatnya, Aceh nggak kehilangan jati dirinya. Bukannya melebur, budaya luar justru diolah jadi bagian dari identitas lokal. Itulah kenapa budaya Aceh terasa akrab tapi tetap unik.

Misalnya, dalam kuliner. Banyak masakan Aceh yang punya pengaruh India dan Timur Tengah — kayak kari, roti cane, dan nasi briyani. Tapi semuanya diberi sentuhan lokal, dengan rempah Gayo dan cara masak khas Aceh.

Dalam arsitektur pun begitu. Banyak rumah tua di Banda Aceh dan Aceh Besar punya elemen Tionghoa dan kolonial, tapi tetap berdiri di atas prinsip *Rumoh Aceh* yang tinggi dan kuat.

Sejarah ini ngajarin satu hal penting: Aceh selalu bisa beradaptasi tanpa kehilangan arah. Ia terbuka terhadap dunia, tapi tetap berdiri di atas akar budayanya sendiri.

4. Harmoni dalam Kehidupan Sehari-Hari

Kalau kamu tinggal di Aceh, kamu bakal ngerti gimana keberagaman itu terasa alami banget. Di pasar, orang dengan logat berbeda bisa ngobrol akrab tanpa canggung. Di sekolah, anak-anak dari suku yang berbeda main bola bareng tanpa mikir siapa dari mana.

Saya punya teman dari Tamiang, satu lagi dari Gayo, dan satu lagi dari Aceh Besar. Kadang logat kami bikin saling salah paham, tapi justru di situ serunya. Dari mereka saya belajar, perbedaan itu bukan jarak, tapi jembatan buat saling ngerti.

Yang bikin harmoninya kuat, tentu karena agama juga punya peran penting. Islam di Aceh bukan cuma jadi pedoman pribadi, tapi juga jadi dasar buat hidup berdampingan. Orang Aceh percaya kalau menghormati sesama adalah bagian dari ibadah.

Nggak heran kalau nilai gotong royong masih hidup sampai sekarang. Misalnya, kalau ada kenduri, semua orang bantu masak. Kalau ada musibah, semua turun tangan. Beda suku, beda latar belakang, tapi rasa kemanusiaannya tetap sama.

Bagi saya, ini bukti nyata kalau keberagaman di Aceh bukan cuma teori di buku sejarah, tapi realitas yang bisa dirasakan setiap hari — di meja makan, di sekolah, di jalan, di warung kopi.

5. Tantangan Zaman Modern

Tapi jujur aja, di era digital kayak sekarang, menjaga harmoni itu nggak selalu mudah. Media sosial kadang malah jadi tempat di mana perbedaan dibesar-besarkan. Ada aja isu yang bikin orang salah paham atau saling curiga.

Buat anak muda Aceh, tantangan terbesar bukan cuma belajar memahami masa lalu, tapi juga menjaga semangat kebersamaan di masa depan. Kita harus belajar jadi generasi yang bisa berdebat tanpa benci, dan bisa beda pendapat tanpa harus memusuhi.

Saya pernah diskusi sama teman tentang identitas lokal. Katanya, "Kadang kita terlalu sibuk jadi modern, sampai lupa sama akar budaya sendiri." Dan saya setuju. Kalau kita nggak jaga nilai-nilai kebersamaan, pelan-pelan Aceh bisa kehilangan ciri khasnya.

Tapi saya optimis. Karena masih banyak anak muda Aceh yang peduli — yang nulis, yang bikin konten budaya, yang ngangkat isu lokal ke media sosial dengan cara kreatif. Mereka mungkin nggak bawa senjata kayak leluhur dulu, tapi mereka berjuang lewat pena, kamera, dan ide.

Jadi meskipun dunia berubah cepat, saya yakin semangat harmoni Aceh nggak akan hilang. Ia cuma berubah bentuk, dari kenduri di meunasah jadi kolaborasi di ruang digital.

6. Penutup: Aceh, Rumah yang Selalu Ramai

Setiap kali saya pulang dari luar kota dan lihat tulisan *"Selamat Datang di Banda Aceh"*, ada perasaan hangat yang susah dijelasin. Rasanya kayak balik ke rumah — bukan karena gedungnya, tapi karena orang-orangnya.

Aceh bukan cuma tempat lahir, tapi tempat belajar tentang arti hidup bareng orang lain yang berbeda. Di sini saya belajar bahwa perbedaan itu bukan ancaman, tapi anugerah. Karena lewat perbedaan, kita belajar sabar, terbuka, dan saling menghargai.

Saya bangga jadi bagian dari generasi yang hidup di tanah yang kaya budaya, tapi juga punya semangat untuk maju. Karena Aceh bukan cuma masa lalu, tapi masa depan yang masih terus ditulis.

Dan kalau suatu hari nanti orang tanya, "Apa yang bikin Aceh istimewa?" Saya bakal jawab: bukan karena lautnya, bukan karena kopinya, tapi karena orang-orangnya yang bisa hidup dalam keberagaman tanpa kehilangan kehangatan.

Itulah Aceh — ujung barat Nusantara yang nggak cuma jadi pintu masuk Islam, tapi juga pintu harmoni bagi seluruh Indonesia.

Don't miss out!

Visit the website below and you can sign up to receive emails whenever Qaishar Kamaruzzaman publishes a new book. There's no charge and no obligation.

https://books2read.com/r/B-A-TEHTE-TWAOH

Did you love *DARI WARKOP KE COFFEE SHOP Catatan Gen Z Tentang Hidup, Budaya, dan Pencarian Diri di Aceh*? Then you should read *CATATAN SUNYI SEORANG REMAJA Renungan Seorang Remaja Tentang Kehilangan, Harapan, dan Pertumbuhan*[1] by Qaishar Kamaruzzaman!

[2]

Di balik layar kehidupan yang serba cepat, ada suara-suara sunyi dari hati remaja yang jarang terdengar.Melalui buku ini, Qaishar Kamaruzzaman, siswa SMA Labschool Banda Aceh, menulis dengan kejujuran yang segar dan menyentuh. Ia bercerita tentang sahabat yang perlahan menjauh, rasa yang tak

1. https://books2read.com/u/mlJOKA

2. https://books2read.com/u/mlJOKA

sempat diungkap, tekanan sekolah, hingga hubungan dengan orang tua yang penuh salah paham.

Dengan gaya yang lembut dan reflektif, Qaishar mengajak pembaca untuk melihat kembali masa remaja—masa di mana kita belajar kehilangan, memahami harapan, dan tumbuh tanpa menyadarinya.

"Catatan Sunyi Seorang Remaja" bukan sekadar buku, tapi cermin jiwa generasi muda yang tumbuh di tengah dunia digital dan ekspektasi tanpa henti.

Di setiap halamannya, pembaca akan menemukan diri sendiri: antara rindu yang belum sempat diucap dan keberanian untuk mulai memahami hidup.

Read more at www.kba13.com.

Also by Qaishar Kamaruzzaman

Gen Z Series

Rumah Tanpa Alamat: Catatan Gen Z tentang Pulang, Kehilangan, dan Diri yang Sedang Mencari Tempat Berarti

Sesudah Hening: Renungan Gen Z Tentang Waktu, Kepergian, dan Diri yang Terus Bertumbuh

DARI WARKOP KE COFFEE SHOP Catatan Gen Z Tentang Hidup, Budaya, dan Pencarian Diri di Aceh

Standalone

CATATAN SUNYI SEORANG REMAJA Renungan Seorang Remaja Tentang Kehilangan, Harapan, dan Pertumbuhan

Watch for more at www.kba13.com.

About the Author

Qaishar Kamaruzzaman adalah seorang pelajar di SMA Labschool Banda Aceh yang memiliki minat besar dalam menulis refleksi kehidupan remaja. Melalui tulisan-tulisannya, ia menggabungkan kejujuran, perasaan, dan pandangan kritis terhadap dunia yang terus berubah.

"Catatan Sunyi Seorang Remaja" merupakan karya debutnya — sebuah kumpulan renungan yang lahir dari pengalaman pribadi tentang persahabatan, kehilangan, harapan, dan pertumbuhan diri.

Karya ini diterbitkan oleh KBA13 Insight, platform literasi dan pengetahuan yang digagas oleh Prof. Kamaruzzaman Bustamam Ahmad untuk mendukung generasi muda menulis dengan keberanian dan kejujuran.

Read more at www.kba13.com.

KBA13 | INSIGHT

About the Publisher

KBA13 Insight is a digital academic publisher dedicated to advancing interdisciplinary scholarship in the humanities, social sciences, and Islamic studies. Founded by Prof. Kamaruzzaman Bustamam Ahmad, it serves as an intellectual platform for books, essays, and monographs that explore the intersections of religion, philosophy, culture, and society in Indonesia and the wider world.

Through its online ecosystem, KBA13.com, the publisher promotes original and critical thought aimed at fostering knowledge production and intellectual independence. KBA13 Insight's publications span fields such as philosophy, law, anthropology, geopolitics, education, and future studies.

Read more at https://www.kba13.com/.

www.ingramcontent.com/pod-product-compliance
Lightning Source LLC
LaVergne TN
LVHW040435051026
849517LV00002B/619